HURONS ET IROQUOIS

LE
P. JEAN DE BRÉBEUF

SA VIE, SES TRAVAUX, SON MARTYRE

PAR

LE R. P. MARTIN

De la Compagnie de Jésus

PARIS

G. TEQUI, LIBRAIRE-ÉDITEUR

DE L'ŒUVRE DE SAINT-MICHEL

6, RUE DE MÉZIÈRES, 6

1877

HURONS ET IROQUOIS

—

LE

P. JEAN DE BRÉBEUF

SA VIE, SES TRAVAUX, SON MARTYRE

406. — ABBEVILLE. — TYP. ET STÉR. GUSTAVE RETAUX.

HURONS ET IROQUOIS

LE
P. JEAN DE BRÉBEUF

SA VIE, SES TRAVAUX, SON MARTYRE

PAR

LE R. P. MARTIN

De la Compagnie de Jésus

PARIS

G. TÉQUI, LIBRAIRE-ÉDITEUR

DE L'ŒUVRE DE SAINT-MICHEL

6, RUE DE MÉZIÈRES, 6

1877

Les sources où nous avons puisé les maté-
riaux de cette histoire sont celles qui ont servi
pour la vie du P. Isaac Jogues, et que nous
avons énumérées dans son avant-propos.

Il est inutile de les répéter ici. Qu'il nous
suffise d'indiquer les *Relations des missions de la
Nouvelle-France*, le *Mémoire touchant la mort et
vertus... du P. Jean de Brébeuf...* (manuscrit de
1652), les ouvrages des PP. Algambe, Andrade,
Cassani, les lettres et mémoires des archives
du *Gesu* à Rome. Nous devons de nouveau,
pour nous soumettre au décret d'Urbain VIII, dé-
clarer que, dans l'appréciation des faits, comme
dans les éloges ou titres honorifiques donnés
aux hommes qui sont cités, il ne faut voir qu'un
témoignage purement humain, qui ne veut en
aucune manière prévenir le jugement de
l'Église, notre mère.

HURONS ET IROQUOIS

LE P. JEAN DE BRÉBEUF

de la Compagnie de Jésus.

1

Famille du P. de Brébeuf. — Noviciat. — Régence. — Maladie. — Voyage à Paris. — Affaire de François Martel.

De tous les missionnaires du Canada, aucun n'a laissé un nom aussi populaire que le P. de Brébeuf. On le regarde avec raison comme le fondateur de la mission des Hurons, mais la durée et les travaux de son apostolat ont moins contribué à sa célébrité que ses grandes vertus et l'héroïsme de son dernier sacrifice. En haine de la France et de la foi, les Iroquois lui arrachèrent la vie, après l'avoir fait passer par les plus horribles supplices, qui furent supportés avec un invincible courage.

Sa famille était noble et ancienne. Le premier de ses ancêtres dont le nom soit connu, Nicolas de

Brébeuf, figure aux rôles de 1252 parmi les nobles de la vicomté de Bayeux. Son nom lui vient du fief de Brébeuf, situé sur la paroisse de Condé-sur-Vire, élection de Bayeux, autrefois de l'arrondissement de Saint-Lô. Cette famille posséda depuis les fiefs de Maupertuis, de la Lande et de Pierrefite, dont elle porta aussi les noms. Ses armes sont d'argent au bœuf effarouché de sable, accorné d'or. Un de ses membres, Réné-Joseph de Brébeuf, seigneur de Maupertuis et de la Lande, fit partie, en 1789, de l'assemblée du bailliage de Coutances. Le poète de ce nom, Guillaume de Brébeuf, petit neveu (1) du missionnaire, sortit de ses rangs, et l'illustra. Mais elle doit à notre héros sa gloire la plus pure et la plus sainte.

Le P. de Brébeuf naquit le 25 mars 1593, au berceau même de sa famille, à Condé-sur-Vire, aujourd'hui du département de la Manche. On le mit au baptême sous la protection de saint Jean dont il devait retracer la douceur et qu'il devait suivre au martyre. Comment se passa sa première enfance? Où fit-il ses études? Que fit-il pendant les années qui les suivirent? Quels exemples de vertu donna sa jeunesse? Il n'en reste aucun document. Nous savons seulement qu'à l'âge de vingt-quatre ans, le jeune de Brébeuf se sentit appelé de Dieu à la Compagnie de Jésus, et qu'étant venu

(1) Plus d'un auteur le donnent à tort comme frère du Jésuite.

frapper à la porte du noviciat (1) de Rouen, celle-ci s'ouvrit devant lui le 8 novembre 1617.

Sous le novice, on put bientôt pressentir le futur apôtre et le martyr. Il montra dès l'abord au service de Dieu une ardeur peu commune; l'amour du sacrifice qui devait être le trait caractéristique de sa vertu, commençait à se développer en lui. Son humilité était telle qu'elle faillit priver l'Église et la Compagnie d'un grand missionnaire. Se jugeant indigne de remplir les fonctions du sacerdoce ou effrayé du fardeau qu'il impose, il envia le sort des frères coadjuteurs employés seulement aux offices domestiques, et il sollicita la faveur de le partager. Mais plein de soumission à ses supérieurs dont la parole était pour lui un oracle du Ciel, il renonça sur leur avis à son humble projet, et gardant son degré, il ne songea plus qu'à s'y perfectionner.

Aux deux années de noviciat pendant lesquelles la Compagnie de Jésus s'occupe exclusivement de la formation religieuse de ses enfants, succèdent ordinairement deux années d'études littéraires. Elles ne furent pas accordées au P. de Brébeuf, sans doute à cause de son âge, et il passa immédiate-

____

(1) Ce noviciat fondé en 1604 par Mme d'Aubigny sur la paroisse Saint-Vivien, comptait six ans après, sept prêtres et trente-cinq novices. Il est devenu successivement, depuis la suppression des Jésuites, un dépôt de mendicité, une prison et enfin une caserne. Des rues nouvelles en ont envahi une partie.

ment du noviciat au collége (1) que les Jésuites avaient dans la même ville, pour commencer son cours de régence. On appelle ainsi le temps que les jeunes religieux consacrent avant leurs études théologiques à l'éducation des enfants. Le R. P. Etienne Binet en était le recteur.

Le P. de Brébeuf reçut en partage une classe de grammaire qu'il considéra dès l'abord comme le théâtre d'un véritable apostolat. Chez lui le religieux domina toujours le maître, et les enseignements du professeur n'étaient qu'un chemin par où le zèle trouvait à s'introduire dans le cœur des enfants pour y déposer des semences de· vertu.

Après deux années de professorat, soit excès de travail, soit dévouement peu réglé, soit plutôt permission du Ciel qui jette, de bonne heure, dans la voie des épreuves les âmes destinées à de grandes choses, la santé du jeune professeur, jusque-là robuste, s'affaiblit tellement que ses supérieurs se virent contraints de lui enlever sa classe, et de le laisser pendant deux ans sans autre emploi que de soigner sa santé. Nous lisons encore aujourd'hui dans les catalogues annuels des différents offices

(1) Ce collége fondé par le cardinal de Bourbon, archevêque de Rouen, s'ouvrit en 1593. En 1655 il avait plus de dix huit cents élève-, à compter seulement depuis la sixième. Il y avait un cours de théologie.

Le séminaire de Joyeuse, ainsi nommé du nom de son fondateur, s'éleva près du collége en 1617, pour trente élèves pensionnaires qui se destinaient à l'état ecclésiastique.

Cet établissement forme aujourd'hui le lycée de la ville, et compte plus de mille élèves.

ce triste titre attaché à son nom : *F. de Brebeuf ob infirmam valetudinem non occupatus. F. de Brébeuf, sans emploi à raison de sa mauvaise santé.*

Il est dur pour tout homme de cœur mêlé à des frères qui se dépensent au service de Jésus-Christ, de se voir seul condamné à une inaction complète. L'épreuve devient plus cruelle quand on est dans la force de la jeunesse et toute la ferveur du zèle. Tel était alors l'état pénible du P. de Brébeuf. Dévoré du besoin de se dévouer, il était à vingt-huit ans, réduit à l'impuissance devant ses compagnons, tous sur la brèche.

Toutefois ce repos forcé n'abattait pas son courage, et « tenant son âme dans la patience » il sut se montrer supérieur à l'épreuve. Il fit plus. Il sut ménager assez ses forces pour consacrer quelques moments à un travail personnel dont il espérait recueillir prochainement le fruit. Ne pouvant se rendre utile aux autres, il essaya d'acquérir les connaissances théologiques les plus indispensables pour le sacerdoce, et il eut la consolation de voir ses efforts couronnés de succès. Il fut admis au sous-diaconat en 1622, et à la prêtrise l'année suivante. Il célébra sa première messe à Rouen le 25 mars, jour anniversaire de sa naissance.

Cependant la santé du nouveau prêtre s'améliorait chaque jour, et peu à peu ses forces premières lui étaient rendues. Quand on le vit rétabli, il fut chargé de la procure du collége. Il occupait ce poste quand survint un événement malheureux qui mit en péril l'existence du collége et celle de la Compagnie elle-même en France. Comme son nom s'y trouve mêlé, et que le fait eut un certain retentissement, nous devons le consigner dans cette histoire.

Un misérable prêtre, François Martel, curé d'E-tran (1), près de Dieppe, avait été pour ses crimes condamné par le Parlement de Rouen à être rompu et brûlé vif. Haïssait-il les Jésuites, ou espérait-il obtenir sa grâce en les compromettant? Nous ne pouvons le dire; quoi qu'il en soit, il imagina un complot ourdi par eux contre la personne du Roi, et il en accusa le P. Ambroise Guyot, alors en résidence à Dieppe.

Le Parlement de Rouen était, comme les autres, très-hostile aux Jésuites. Il trouva l'occasion favorable pour sévir et il en profita. Le calomniateur fut écouté et le Père incriminé fut immédiatement arrêté et jeté dans la prison de Rouen avec le P. Chappuis (2) son supérieur, et le frère Benoît, tous deux accusés d'être ses complices. (1625)

(1) *Etran*, ou *Estran*, comme porte le Pouillé général de l'archevêché de Rouen, était une petite paroisse de trente-cinq feux. Son église dédiée à saint Pierre, qui tombait en ruines, a été démolie en 1830, et le village a été annexé à Martin-Eglise.

(2) L'auteur de l'*Histoire du Parlement de Rouen* s'est mépris en donnant ces deux noms comme ceux de deux régents du collége de Dieppe. Il n'y avait dans cette ville qu'une simple résidence.

A ces nouvelles, l'alarme fut grande au collége de Rouen. Son recteur, Honorat Nicquet, était nouveau et à peine installé depuis huit jours. Il n'avait encore eu aucune relation dans la ville. Que faire? Il jeta les yeux sur le P. de Brébeuf, bien connu pour sa prudence et sa sagesse, et lui confia la mission d'aller aussitôt à Paris informer le R. P. Provincial du terrible orage qui se formait, et lui demander les moyens de le conjurer.

La Providence voulut que le P. Cotton fut alors chargé du gouvernement de la province de Paris pour la seconde fois. Il prenait possession de ce nouveau poste, et recevait, au milieu de la joie commune, les félicitations d'usage des Pères et des frères du collége de Clermont, quand le P. de Brébeuf arriva et lui remit les tristes dépêches du recteur de Rouen. Ce fut comme un coup de foudre. « Nous fumes transis de peur, disent les mémoires du temps, quand le R. P. Provincial, après avoir pris connaissance des faits, vint retrouver la communauté, pour lui recommander une affaire où il s'agissait de la ruine totale de la Compagnie. »

Sans perdre un moment, des mesures efficaces furent prises pour dissiper l'orage. Le P. Cotton courut à la Cour, et obtint un arrêt pour évoquer l'affaire devant le Conseil du Roi. En même temps le P. de Brébeuf était renvoyé à Rouen, accompagné du P. Jean Phelippeaux qui venait de quitter le rectorat du collége de cette ville, où il avait exercé une très-grande influence. Sa présence rassura les esprits, et il put neutraliser le mauvais vouloir du premier président Faucon de Ris, dont les préventions contre les Jésuites étaient connues. L'arrêt du Conseil du 18 février 1625 rendit pleine justice aux accusés.

Pour achever la réparation, le calomniateur désavoua par écrit son crime, et en fit au pied de l'échafaud une rétractation publique. La tempête s'apaisa et le collége de Rouen ayant retrouvé le calme et la paix, le P. de Brébeuf se remit à ses fonctions de procure... Il ne devait pas tarder à les abandonner. Depuis le retour de ses forces, il songeait aux missions étrangères. Soit qu'il eût fait vœu de s'y rendre, soit qu'une voix intérieure l'appelât à cette vie de sacrifice, il sollicita la faveur d'y être envoyé. Ses supérieurs accédèrent à ses désirs, et la Providence, qui voulait en faire l'apôtre des Hurons, lui préparait pour théâtre de ses premiers travaux, la mission du Canada.

Le Canada. — Les Récollets, premiers missionnaires. —
Difficultés avec les marchands. — Les Jésuites appelés.
— Le P. de Brébeuf. — Arrivée à Québec.

Le Canada était une terre française. Sans perdre
son nom, il avait pris le nôtre. Nos pères y avaient
porté notre foi, nos mœurs, notre langue. A l'époque où nous sommes, 1625, la colonie, quoique au
berceau, était définitivement assise. L'illustre Champlain, son fondateur, venait d'y planter en 1608
le pavillon de la France et de jeter les fondements
de Québec. Sur les rives solitaires du Saint-Laurent,
ses soldats protégeaient ce poste naissant contre
les invasions des sauvages, et y maintenaient la
tranquillité. Les marchands venus à sa suite et
réunis en société pour agir plus efficacement, y
avaient ouvert, par le commerce et les échanges
avec les indigènes, une source de richesse et de
prospérité matérielle. Restait à y introduire la
gardienne des mœurs, la lumière des esprits, la

base de toute société, je veux dire la religion. Elle seule peut donner à une colonie qui se fonde des assises durables, et lui garantir un avenir heureux.

Champlain dont la piété égalait le courage et la sagesse, le comprit sans peine, et son premier soin quand il se vit suffisamment installé, fut d'appeler des missionnaires au Canada. Son but était non-seulement de maintenir dans la pratique de leur foi les colons français jetés sur ces terres lointaines, mais encore d'arracher les indigènes à l'idolâtrie, persuadé qu'il trouverait en eux des amis fidèles, dès qu'il en aurait fait des chrétiens. Son zèle ne se bornait pas aux nations voisines. Il voulait envoyer au loin des missionnaires auprès des peuples inconnus pour les convertir à la foi, et les attacher ensuite par une alliance à la France.

Dans ces pensées, il voulut que la charte qui accordait à la compagnie des marchands tout le monopole du commerce pendant onze ans, portât cette clause qu'ils fourniraient au transport et à l'entretien de six religieux, pour le service spirituel tant des Français que des sauvages.

« Politique pleine de sagesse, selon la remarque
« judicieuse de l'historien Bancroft, et bien con-
« forme à l'esprit d'une religion qui aime tous les
« membres de l'espèce humaine, sans distinction
« d'origine ou de couleur. Elle était aussi d'accord
« avec les principes de cette charte elle-même qui

« assimilait d'avance le néophyte indigène au ci-
« toyen français et l'admettait à jouir des mêmes
« droits sociaux. » Cette conduite de la France
envers les tribus indigènes, dit un autre écrivain
protestant, Parkman, contrastait avec celle des
autres nations européennes. Les Espagnols réduisaient les sauvages au rôle d'esclaves. Les Anglais
les vouaient au mépris et à l'abandon. Les Français les aimaient et les traitaient en frères.

Ce furent les Pères Récollets qui eurent l'honneur d'être appelés, les premiers, dans la Nouvelle-
France. Ils y débarquèrent en 1615. Québec qui ne
datait que de 1608 n'était pas encore une ville.
Champlain lui donne le nom modeste d'habitation. Elle se réduisait à un petit retranchement
fortifié, assis sur la rive gauche du Saint-Laurent
au pied du cap, et à quelques cabanes en bois. On
en dressa une pour les religieux et aussitôt ils
élevèrent pour le service divin un petit sanctuaire
où, le 24 juin de la même année, ils offrirent
pour la première fois la victime du salut. Ce sang
dont ils ouvraient la source ne devait plus
cesser de couler sur ce sol béni. La rage de l'enfer
et les efforts de l'hérésie devaient être aussi impuissants pour y détruire la foi, que ceux de l'Angleterre pour étouffer dans les colons d'origine
française, leur amour pour la mère-patrie.

Cependant les Récollets ne tardèrent pas à
quitter cette première demeure, qui, placée sur un

terrain trop étroit, ne pouvait être que provisoire. Il leur fallait un établissement stable avec un jardin et quelques dépendances pour pourvoir aux premiers besoins du couvent. On leur donna un terrain assez vaste à une petite distance de Québec, sur les bords de la rivière Saint-Charles qui se jette un peu plus bas dans le Saint-Laurent. De là ils avaient la facilité de venir à Québec, soit par terre soit par eau, pour le service de la chapelle du fort.

Aussitôt installés, les Récollets songèrent à se mettre en rapport avec les sauvages. Ils suivirent d'abord les agents du commerce, quand ceux-ci allaient aux lieux de rendez-vous des sauvages pour y faire l'échange de leurs fourrures contre les produits européens. Ces postes étaient Tadoussac pour le bas du fleuve, et au-dessus de Québec, Trois-Rivières, la Rivière-des-Prairies et le Saut-Saint-Louis.

Le P. Le Caron n'hésita pas à porter plus loin les ardeurs de son zèle. Il se mit à la suite de Champlain et de ses douze soldats, qui montaient dans le pays des Hurons, pour marcher avec eux contre les Iroquois.

Cependant les progrès de la colonie trouvaient dans la cupidité et le mauvais vouloir des marchands un obstacle presqu'invincible. Plus occupés à s'enrichir qu'à favoriser le développement de la colonie et celui de la religion, ils prenaient tous

les moyens pour l'entraver. En vertu de leur
monopole, toutes les affaires passaient par leurs
mains et avaient besoin de leur concours efficace,
et ils le refusaient. La colonie n'était pas moins
menacée que la mission. Par une clause fatale,
Champlain était à la merci des marchands
aussi bien que les missionnaires. Il dépendait
d'eux pour l'entretien de ses soldats, leurs armes,
leurs munitions de guerre. Son devoir de faire
respecter le drapeau de la France et de maintenir
partout l'ordre et la paix, était comme subordonné
à leurs caprices ou plutôt à leur cupidité. Une
situation aussi dépendante, au détriment d'une
œuvre qu'il aimait, révoltait son cœur droit et
généreux. Il avait porté lui-même ses plaintes à la
Cour, mais sans pouvoir obtenir d'être écouté.

Il faut entendre le Frère Sagard (1), Récollet,
témoin et victime lui-même de ces cruels embarras, flétrir par des paroles indignées, la conduite
des coupables. « Ce sont les Français, dit-il, qui
« ont été le plus grand empêchement à la conver-
« sion des sauvages, d'abord à cause de la mau-
« vaise conduite de plusieurs, ensuite parce qu'ils
« *ne désiraient pas cette conversion.* Ainsi s'oppo-
« saient-ils à ce qu'on les rendît sédentaires et
« qu'on les réduisît en villages. Dans la crainte
« que ce changement ne diminuât le trafic des

____

(1) *Grand Voyage du pays des Hurons*, 1632.

« fourrures, seul et unique but de leurs voyages,
« ils ne voulaient accorder aucun secours. La
« Compagnie des marchands s'excuse sur son
« impuissance, et nous, sur notre règle. Il fallait
« donc des religieux qui pussent posséder des
« biens fonds, afin de trouver dans ces ressources
« de quoi fournir à ces grandes dépenses. »

C'est ce motif qui poussa les Récollets à demander aux Jésuites de venir partager leurs travaux au Canada. Le P. Irénée Piat fut chargé de cette mission. Il partit pour l'Europe afin de traiter avec les Jésuites, en même temps qu'il ferait des démarches à la Cour contre les vexations des marchands. Il ne réussit pas dans cette dernière tentative, mais il fut plus heureux dans la première.

Les Jésuites connaissaient déjà le Canada. En 1611, les Pères Biard et Enemond Masse avaient été envoyés fonder la mission d'Acadie, sur les confins de la Nouvelle-Angleterre. Ils l'avaient ouverte au milieu de tous les genres d'épreuves, mais elle commençait à peine à donner de légitimes espérances que la haine des Anglais les en chassa, sans arracher toutefois de leur cœur le ferme espoir d'y revenir. Ils l'avaient emporté avec eux, en Europe, comme un feu sacré qu'ils allumèrent dans le cœur de leurs frères. Grand fut bientôt le nombre de ceux qui brûlaient du désir de voir ce théâtre s'ouvrir de nouveau à leur zèle.

L'heure fixée par la divine Providence sonna enfin.
L'arrivée du P. Piat en fut le signal en 1625.

La province de France était alors gouvernée, comme nous avons vu, par le célèbre P. Cotton. Il avait été lui-même le promoteur de la mission d'Acadie en 1611, et il avait consenti à sacrifier alors pour elle le compagnon qui le suivait à la Cour, le P. Masse. La proposition des fils de saint François fut accueillie avec chaleur par le fils de saint Ignace, et des missionnaires furent promis.

La résolution était à peine connue qu'il s'éleva un gros orage qui faillit la faire échouer. Les Récollets furent circonvenus. On mit en jeu leur amour-propre, et on chercha même à leur inspirer des craintes pour l'avenir de leur mission. « Dans « les raisons qu'on nous présente, dit avec fran- « chise l'un d'eux le P. Leclercq, les vues d'inté- « rêt et de vaine gloire jouaient le plus grand rôle; « mais la charité dissipa tous les nuages. »

Le prince de Ventadour, qui n'avait été poussé, nous dit Champlain, que par les intérêts du zèle, à se charger de la vice-royauté du Canada, préve- nant l'opposition qu'on avait à craindre de la part des marchands, prit à sa charge tous les frais de cette installation. Six missionnaires furent choisis, trois frères coadjuteurs et trois Pères: les PP. Charles Lalemant, Masse et de Brébeuf.

Les trois prêtres élus pour la mission du Canada, étaient dignes de ce poste d'honneur. Le P. Charles

Lalemant, leur supérieur, quittait pour cette mission le gouvernement du collége de Clermont qu'il devait reprendre dix ans plus tard, après avoir traversé huit fois l'océan, subi deux naufrages, et donné partout de tels témoignages de sa prudence et de sa vertu qu'il fut proposé pour être évêque du Canada. Champlain l'appelle un très-dévot et très-zélé religieux (1).

Le P. Enemond Masse allait, pour la seconde fois, à la Nouvelle-France, qu'il appelait sa Rachel, parce qu'il avait soupiré après elle pendant quatorze ans, comme Jacob pour Rachel. Il l'avait mérité par de rudes travaux où éclatent sa mortification autant que son humilité.

Il travailla plus de vingt ans dans la mission du Canada, et y mourut en 1646 plein d'années et de vertus. Ses précieux restes heureusement retrouvés en 1869, dans l'ancienne mission de Sillery près de Québec, furent recueillis et déposés l'année suivante sous un gracieux monument, que la piété des fidèles a élevé pour perpétuer son souvenir.

Quoique le plus jeune, celui dont les vertus, les combats et la mort héroïque devaient rester plus célèbres, c'est le P. de Brébeuf. Il était dans toute la force de l'âge et, après ses vingt années de travaux, il devait recueillir la triple couronne de la

____

(1) Il mourut à Paris en 1674, à l'âge de quatre-vingt-sept ans, après avoir été supérieur de la maison professe et vice-provincial.

sainteté, de l'apostolat et du martyre. La droiture d'esprit et une grande maturité de jugement le rendaient très-propre au conseil. Ces qualités furent tout le secret de sa prudence qui était remarquable. A ces avantages, il joignait dans l'action une énergique patience, invincible à tous les obstacles. Il a écrit de lui-même : « On me brisera plutôt que de me faire violer une de mes règles, » et ailleurs, « je suis un vrai bœuf, disait-il encore en jouant agréablement sur son nom, et je suis né pour le travail. » Voici le portrait qu'en fait un auteur protestant (1) : « Sa taille, sa force, ses « traits semblaient préparés par la nature pour en « faire un soldat , mais les exercices spirituels « répétés lui ont donné le cachet d'un homme de « Dieu.... Il avait une trempe d'acier, son carac- « tère était résolu et énergique, mais assoupli et « réglé par la religion. »

La religion avait plus fait que de l'assouplir et de le régler. — Elle avait allumé en lui une ardeur incroyable de souffrir pour Jésus-Christ , qui fut le trait saillant de sa physionomie religieuse, comme le but de tous ses efforts et le secret de sa force.

Tels étaient ces nouveaux missionnaires envoyés au Canada. Ils partirent sous la conduite d'un Récollet d'un grand nom, qui avait quitté, dit Champlain, les honneurs et les biens de la terre

(1) Parkman : *The Jesuits in North America.*

pour les humiliations et la pauvreté de la vie religieuse, le P. Joseph de La Roche d'Aillon, de la maison des comtes de Lude. Embarqués le 27 avril 1625, ils arrivèrent devant Québec, le 19 juin de la même année.

Ils n'avaient pas encore mis pied à terre, qu'un orage terrible se forma contre eux, et les menaça du naufrage au moment de toucher le port.

Champlain avait été contraint de partir pour la France, et rendus plus hardis par cette absence, les agents du commerce signifièrent officiellement aux nouveaux venus qu'ils ne devaient pas débarquer, et qu'aucune porte de l'habitation ne s'ouvrirait devant eux. En même temps, ils jetaient parmi les colons un libelle diffamatoire contre les Jésuites intitulé l'*Anti-Cotton*, calomnie grossière, réfutée victorieusement en Europe par le P. Cotton lui-même.

C'était un mauvais salut pour eux, dit naïvement le F. Sagard, et une fâcheuse attaque capable d'étonner des personnes moins constantes. Ceux-ci ne s'effrayèrent pas, et attendirent sans s'émouvoir que la main de Dieu vint leur ouvrir les portes que leur fermaient les hommes. Leur attente ne fut pas de longue durée.

Les Récollets ne laissèrent pas leur œuvre incomplète, et déjouant les plans de l'hérésie et de la cupidité, ils trouvèrent une solution aussi facile qu'ingénieuse. S'il n'était pas permis aux Jésuites

de pénétrer dans la ville, cette défense ne pouvait
pas s'étendre au couvent des fils de saint François
bâti sur la rivière Saint-Charles. La chaloupe des
Pères alla les prendre au milieu de la rade, et
sans passer en ville, les conduisit au couvent, où
les deux familles religieuses unirent leurs voix
aux pieds des autels pour chanter le cantique de
l'action de grâce, et bénir le Ciel de cet heureux
dénouement.

Pour couronner leur fraternelle hospitalité, les
Récollets, par une attention pleine de délicatesse,
établirent dans leur maison et leur jardin une
division provisoire, qui permît à chaque communauté de vivre séparément sous le même toit, et
de suivre plus facilement ses règles et ses usages.

Les Jésuites n'oublièrent jamais ce bienfait
signalé. Ils voulurent que leur reconnaissance fut
publiée, même en Europe. Voici la lettre que le
P. Charles Lalemant écrivit, le 28 juillet, au
R. P. Provincial des Récollets de Paris:

« Mon Révérend Père,

« Ce serait être par trop méconnaissant de ne
« pas écrire à votre Révérence et de ne pas la
« remercier de tant de lettres qui furent dernière-
« ment écrites en notre faveur aux Pères qui
« sont ici, en la Nouvelle-France, comme de la
« charité que nous avons reçue d'eux, qui nous
« ont obligés pour toujours. Je supplie notre bon

« Dieu qu'il soit la grande récompense des uns et
« des autres. Pour mon particulier, j'écris à nos
« supérieurs que j'en ai un tel ressentiment que
« l'occasion ne se présentera pas, que je ne le
« fasse paraître, et les supplie, quoique d'ailleurs
« bien affectionnés , de témoigner à tout votre
« saint Ordre le même ressentiment..... »

Cependant, les marchands ne tardèrent pas à
voir qu'ils avaient fait une maladresse, et peu à
peu ils se relâchèrent de la consigne qu'ils avaient
donnée. Les Jésuites purent bientôt accompagner
les Récollets lorsqu'ils allaient à Québec, et même
ils y offrirent le saint sacrifice. On les vit de près
et on les étudia. Les préjugés, inspirés par le
libelle et par la calomnie, tombèrent peu à peu, et
firent place à l'estime et à l'affection. Les marchands eux-mêmes, pressés sans doute par l'opinion publique qui se tournait contre eux, et honteux de leurs premiers procédés, se prêtèrent à
l'établissement définitif des nouveaux venus.

Pour décharger les Récollets, ils cédèrent aux
Jésuites un terrain aussi précieux par ses souvenirs
que commode par sa position. Il était situé tout
près du couvent, mais de l'autre côté de la rivière
Saint-Charles, au point où le Lairet lui verse le
tribut de ses eaux. Ce lieu portait le nom de fort
Jacques Cartier, en mémoire de ce navigateur
célèbre, qui l'avait illustré quatre-vingt-dix ans
auparavant par son courage et sa piété. Il s'était

construit là un abri contre les sauvages pour y passer l'hiver. Mais la maladie, plus terrible que les sauvages, envahit ses hardis compagnons, et elle menaçait de les enlever tous. Dans ce péril, le pieux Breton s'adressa au Ciel, et n'attendit que de lui son salut. A la tête de ses hommes valides, il alla en procession sur la neige et sur la glace, jusqu'à une image de la sainte Vierge, qu'il avait suspendue à un arbre de la forêt voisine. Là il s'engagea par vœu à faire le pélérinage de Roc-Amadour, si Dieu accordait à sa troupe de revoir sa patrie. Marie exauça sa prière. Avant de quitter ces lieux, témoins de la protection du Ciel, Cartier y érigea une grande croix sur laquelle il attacha un écusson aux armes de France avec cette inscription : « *Franciscus primus, Dei gratia Fran-* « *corum rex, regnat.* Sous le règne de Fran- « çois Ier, roi des Français. »

Les Jésuites rendirent de justes actions de grâces à Dieu, en voyant leurs ennemis eux-mêmes concourir à les fixer sur ce sol qui devenait leur seconde patrie. Ils s'empressèrent de prendre possession, au nom de la religion, du terrain qui leur avait été accordé, et le premier exercice de leurs droits fut l'érection d'une croix, symbole de ce qu'ils venaient faire dans ce pays nouveau. La cérémonie fut solennelle. Les Récollets se réunirent à leurs frères d'armes, et les Français de Québec accoururent le 23 septembre 1625, pour y prendre part, heureux de voir sur cette terre lointaine des fêtes qui leur rappelaient celles de la mère-patrie.

Quand la croix fut debout et consacrée par les prières de l'Église, chacun des assistans voulut donner quelques coups de hache dans la forêt ou remuer quelques pelletées de terre, pour se donner la consolation d'avoir mis la main à l'œuvre. Dès le lendemain, on commença sérieusement le travail. Les Jésuites voulaient trouver là un asile pour l'hiver qui approchait. Il fallait auparavant abattre les arbres, niveler le terrain, et enfin élever un bâtiment en bois. La direction des travaux était confiée au P. Massé, l'ancien ministre de La Flèche, que son savoir-faire en ces matières avait fait surnommer « le Père utile. » Celui de ses frères qui lui prêta le concours le plus efficace, fut encore le P. de Brébeuf qui, grâce à sa forte constitution, était plus à même de le seconder.

Cependant le P. Lalemant ne tarda pas à appliquer le P. de Brébeuf aux soins spirituels de la petite colonie, dont il eut bientôt gagné la confiance. Sa parole acheva de remuer les âmes, et la plupart des habitants voulurent lui faire une confession de toute leur vie. C'était un beau début, mais un champ plus vaste lui était réservé. Il était désigné pour la mission des Hurons, où il devait se rendre avec le P. de La Roche d'Aillon, dont nous avons parlé.

III

Parmi les différentes nations qui se partageaient
les forêts du Canada ou ses environs, on distinguait d'abord les différentes tribus d'origine
algonquine, qui menaient une vie nomade et
sans habitations fixes, puis deux peuples d'un
caractère très-tranché, qui n'étaient pas errants
comme leurs voisins, mais qui vivaient en villages
avec des cabanes stables : l'un, l'Iroquois, placé
entre la colonie française et celle des Anglais, ser-
vant l'une ou l'autre selon ses intérêts, mais le
plus souvent ennemi des Français et de leur religion ; — l'autre, le Huron, l'allié des Français dès
le principe. Il leur fut constamment fidèle, et c'est
ce qui lui mérita de devenir le centre de travaux
apostoliques, qui forment une des pages les plus
glorieuses et les plus émouvantes de l'histoire du

Canada. Sa conquête à la foi devait favoriser en même temps le développement de la colonie, et c'est pour cela que Champlain l'encourageait de tout son pouvoir.

Les Hurons étaient déjà en relation régulière avec les Français. Au moment de l'automne, leurs voyageurs descendaient à la colonie dans leurs légers canots d'écorce et échangeaient les fourrures, fruits de leur chasse, contre les produits européens. Pour leur épargner la peine d'aller jusqu'à Québec, les agents du commerce allaient au devant d'eux avec leurs marchandises et faisaient leurs échanges à quelque endroit connu sur les bords du grand fleuve. Le lieu le plus fréquenté à cette époque pour cet objet, était une pointe déserte sur la rive droite du Saint-Laurent, à six kilomètres de la ville qui porte aujourd'hui le nom de Sorel. Un hardi fait d'armes de Champlain l'avait rendue célèbre, et lui avait valu le nom historique de *Cap de la victoire*. A la tête de quelques soldats et suivi par des Hurons et des Algonquins, il avait attaqué et détruit là une bande de cent Iroquois.

Les deux missionnaires allèrent jusqu'à ce poste au devant des Hurons, pour profiter de leur retour et remonter avec eux dans leur pays. Les Hurons arrivèrent enfin, mais on attendait avec eux le P. Nicolas Viel, Récollet qui était depuis deux ans chez eux. Son absence inspira de l'inquiétude sur son sort. Les récits des sauvages n'étaient pas faits pour rassurer. Ils racontaient que la Robe Noire s'était noyée, en sautant un rapide dans la rivière des Prairies. C'était un mensonge qui couvrait un crime, et les missionnaires ne tardèrent pas à connaître la triste vérité.

Le P. Viel avait été assassiné par les conducteurs de son canot, trois païens connus pour leur haine de la foi. Dans la crainte d'être compromis par les dépositions du jeune Aentic, catéchiste et compagnon du missionnaire, ils ne reculèrent pas devant un second meurtre, et ils jetèrent les deux cadavres dans le rapide, qui depuis a été nommé le *Saut au Récollet*. Ils apportèrent aux Français la chapelle du missionnaire, et quelques fragments de son journal, tracé sur une écorce de bouleau. On recueillit ces objets comme des reliques précieuses de la première victime religieuse, qui arrosa de son sang la terre du Canada.

Toutefois cette mort qu'enviaient les missionnaires, leur donna à réfléchir. La prudence leur permettait-elle de s'aventurer sans renseignements, sans guide, sans truchement, dans l'expédition qu'ils projetaient? Ils ne le crurent pas, et se contentèrent pour cette fois de se mettre en rapport avec les voyageurs et de leur montrer de l'intérêt. Ils trouvèrent de la sympathie; leur bonté et leur dévouement provoquèrent des témoignages d'affection. Mais après ce qui venait de se passer, il était permis de mettre en doute leur sincérité ou leur constance. Les missionnaires, pleins de regret mais non sans espérance, laissèrent les Hurons remonter seuls dans leur pays, et retournèrent à leur couvent en attendant des jours meilleurs.

Il en avait beaucoup coûté au P. de Brébeuf de n'avoir pu suivre les Hurons dans leurs déserts, mais la divine Providence lui ménageait un dédommagement, comme nous allons voir. En attendant, il se livrait avec ses frères à l'étude des langues indigènes, sans lesquelles leur ministère était sans action. Mais comment obtenir ce résultat pour des langues qui n'avaient pas de livres, dont le mécanisme était inconnu, et que l'on n'avait pas encore réduites en principes ? Malgré leurs efforts, les missionnaires ne tardèrent pas à se convaincre qu'ils n'obtiendraient qu'un résultat bien imparfait par leur travail ingrat. Ils comprirent que dans ces commencements, le meilleur maître pour eux serait l'usage et la vie au milieu des sauvages, et le P. de Brébeuf fut l'heureux élu pour faire la première expérience. « Le P. de Bré-
« beuf, écrivit le P. Lalemant à ses supérieurs en
« Europe, qui joint à la piété la prudence et une
« santé robuste, me parut le plus propre à ce
« dessein. » Il reçut la mission de suivre dans leur chasse d'hiver quelques Algonquins, moins éloignés de Québec que les Hurons. Il partit tout

joyeux le 20 octobre 1625. C'était à une rude école qu'il allait faire son apprentissage. Il fallait vivre au milieu des bois, dans un isolement complet de ses frères, à quatre-vingts ou cent kilomètres de Québec, nourri et logé sous la tente d'écorce avec les sauvages, sans savoir un mot de leur langue. Cette vie allait au cœur généreux de l'apôtre, qui avait soif de privations et de sacrifices. Le lecteur peut la juger par la description que nous en a laissée la plume naïve et spirituelle du P. Le Jeune, qui parlait par expérience: « L'hi-
« ver au Canada est beau, bon et bien long:
« Voilà ses qualités. — *Beau*, car il est blanc
« comme neige, sans crotte et sans pluie. — *Bon*,
« car le froid est rigoureux, et il y a partout
« quatre à cinq pieds de neige. Il est parfois si
« violent que les arbres dont la peau est plus
« dure que celle de l'homme, ne lui pouvant
« résister, se fendent jusqu'au cœur, faisant un
« bruit comme d'un mousquet en éclatant. Le reste
« du temps, quoiqu'il surpasse beaucoup les gelées
« de France, n'a rien d'intolérable. Dans les pays
« les plus sujets aux maladies, il se trouve plus
« de remèdes; si le mal est présent, le remède
« n'est pas loin : là s'il y a du froid, il y a du bois.
« L'hiver est *long* ; depuis novembre jusqu'à la
« fin d'avril, la terre est toujours blanche de neige
« et tout y est glacé.

« La vie dans les bois, avec les sauvages, a

« quelque chose de plus pénible encore que le
« froid de l'hiver.

« La cabane (1) se construit à chaque nouveau
« campement. Sa base est un grand trou creusé
« dans la neige sur lequel on plante une char-
« pente légère formée de perches recouvertes
« d'écorces de bouleau cousues ensemble. De
« petites branches de sapin, répandues sur le sol,
« servent de planches et de lit. Vous ne sauriez
« demeurer debout dans cette maison, tant pour sa
« bassesse que pour la fumée qui suffoquerait ; et
« par conséquent, il faut toujours être couché ou
« assis sur la plate terre : c'est la posture ordinaire
« des sauvages.

« Ce cachot a de grandes incommodités: le
« froid, le chaud, la fumée et les chiens. Pour le
« froid, vous avez la tête à la neige ; il n'y a qu'une
« branche de pin entre deux, bien souvent rien
« que votre bonnet. Les vents ont la liberté d'en-
« trer par mille endroits, quand il n'y aurait que
« l'ouverture d'en haut qui sert de fenêtre et de
« cheminée tout ensemble.

« Or, cependant le froid ne m'a pas tant tourmenté
« que la chaleur. Un petit lieu comme sont ces caba-
« nes s'échauffe aisément par un bon feu. D'aller à
« droite ou à gauche vous ne sauriez ; car les sauvages

(1) Il s'agit de la cabane légère et étroite que les sauvages
dressaient dans leurs courses. Dans les villages, ils les cons-
truisaient solides et très-grandes.

« qui vous sont voisins, occupent vos côtés. De
« reculer en arrière, vous rencontrez cette mu-
« raille de neige ou ces écorces qui vous bornent ;
« de s'étendre, la place est si étroite que les jam-
« bes seraient à moitié dans le feu. Je dirai néan-
« moins que le froid et le chaud n'ont rien d'into-
« lérable ; mais pour la fumée, je vous confesse
« que c'est un martyre. Elle me faisait pleurer
« nécessairement sans que j'eusse ni douleur, ni
« tristesse dans le cœur. Il fallait parfois mettre
« la bouche contre terre pour pouvoir respirer.
« J'ai cru, plusieurs fois, que j'allais être aveugle ;
« les yeux me cuisaient comme le feu.

« Pour les chiens, je ne sais si je les dois blâmer,
« car ils m'ont rendu souvent de bons services.
« Ne pouvant subsister à l'air, hors de la cabane,
« ils se venaient coucher tantôt sur mes épaules
« et tantôt sur mes pieds. Étant affamés, ils ne
« faisaient qu'aller et venir, rôdant partout dans
« la cabane. Ils nous passaient et sur la face et sur
« le ventre, et si souvent et avec une telle impor-
« tunité, qu'étant las de crier et de les chasser, je
« me couvrais quelquefois le visage, puis je leur
« donnais liberté de passer où ils voudraient.
« Pendant que nous mangions, ils portaient le
« nez dans nos écuelles, plus tôt que nous n'y
« portions la main.

« La nourriture devenait l'occasion d'un autre
« genre de tourment. Quand la chasse était bonne,

« la pâture était abondante; mais le sauvage n'a
« pas la prévoyance du lendemain. Il mange
« gloutonnement et sans ménagement, tant qu'il
« lui reste un morceau, comme s'il ne pouvait pas
« y avoir pour lui de jours mauvais. Et quel sujet
« de mortification dans la manière dont s'apprê-
« taient les aliments! Passant par des mains qui
« ne sont jamais lavées, et dans des vases dont le
« cuivre n'était pas aussi épais que la saleté, elle
« ne devenait appétissante pour un Européen que
« grâce au besoin impérieux de la faim.

« Lorsque le temps ne permettait pas de sortir,
« ou que la chasse ne fournissait aucune subsis-
« tance, tout le monde était condamné à passer
« trois ou quatre jours de suite sans autre nourri-
« ture que des bourgeons d'arbres , quelques
« écorces tendres, quelques morceaux de mousse
« connue des voyageurs modernés sous le nom
« ironique de tripes de roche, qu'on essayait de
« faire cuire.

« C'est alors, ajoute le P. Le Jeune, que quand
« je pouvais avoir une peau d'anguille pour une
« journée, je me tenais pour avoir bien déjeuné,
« bien dîné et bien soupé. » (*Relat.* 1632.)

Telle fut pendant cinq mois la vie que mena le
P. de Brébeuf. Déjà dure par elle-même, elle le
devenait encore davantage par l'ignorance abso-
lue de la langue. Il se trouvait souvent dans un
isolement complet. Quand il était avec ses hôtes,

ceux-ci, insouciants par nature, restaient indiffé-
rents aux efforts qu'il faisait pour tâcher de s'instruire, ou bien s'en amusaient et même s'en
moquaient. Que de fois il eut à supporter les
railleries des sauvages, qui triomphaient de voir
que la Robe Noire ne comprenait pas ce qui leur
paraissait si clair! Que de fois ses recherches
grammaticales ou ses essais de prononciation
provoquaient les mépris et les insultes de ces
grands enfants de la nature, qui les trouvaient
puérils et même insensés! Malgré ces difficultés
et ces déboires, le P. de Brébeuf n'en poursuivait
pas moins opiniâtrément son but, et il put bientôt
se convaincre que le Ciel bénissait ses efforts. Il
écoutait sans cesse. Il lui fallait souvent prendre
presque au vol des mots rapidement lancés. En
avait-il saisi un? il en demandait le sens, et si
l'indifférence ou la malice conspiraient pour le lui
refuser, il cherchait à le deviner par un geste, par
le jeu du visage, par les actes qu'il provoquait.
Puis il classait dans un ordre régulier les mots
ainsi conquis. Il finit par en composer un petit
vocabulaire qui l'aida puissamment à construire
les phrases les plus usuelles. Il arriva même bientôt à découvrir quelques rouages de la langue, et
sinon à pénétrer, du moins à entrevoir le mécanisme secret qui les met en mouvement. Ainsi
avant de voir terminer sa campagne laborieuse, il
parvint à saisir quelque chose dans la conversa-

tion des sauvages , et à se faire un peu comprendre.

Cependant l'hiver qui touchait à son terme, amenait avec la fin de la chasse, rendue impossible par la fonte des neiges, le moment du retour du missionnaire et des Algonquins. Incapables de pénétrer le secret de l'héroïsme chrétien et des sacrifices qu'il inspire, les sauvages n'avaient rien compris au courage, à la constance, au dévouement de leur hôte, et surtout à son ardeur pour l'étude. Ils n'avaient pu toutefois se défendre d'un sentiment d'estime et même d'affection pour l'homme de la prière, qui, sans aucune recherche d'intérêt personnel, était venu partager leurs souffrances, leurs travaux et leurs dangers. Ils finirent même par l'admirer, mais ils n'étaient pas encore mûrs pour recevoir la bonne nouvelle, et le missionnaire ne possédait pas assez leur langue pour la leur expliquer. Le P. de Brébeuf arriva à Québec le 27 mai 1626, mercredi de la Semaine-Sainte.

L'homme de Dieu trouva ses frères établis depuis deux jours seulement, dans leur nouvelle demeure qu'ils avaient achevée pendant son absence. La maison n'était pas grande ; elle ne mesurait que neuf mètres de longueur sur treize de largeur. On y avait ménagé une petite chapelle dédiée à N.-D. des Anges, à l'occasion du tableau qui la décorait, et qui représentait la sainte Vierge saluée par les chœurs des Anges. Ce nom franchit l'enceinte sacrée, et s'étendit bientôt à tout le terrain concédé aux Jésuites ; après deux siècles et demi, il le porte encore.

Le voyage que venait de faire le P. de Brébeuf avec les Algonquins, n'était qu'une préparation et comme un essai de la vie qui l'attendait. Le P. Lalemant pensait toujours à lui confier la mission huronne, quand il serait possible de la reprendre. C'est pourquoi, sans négliger la langue algonquine, dont les premiers éléments lui avaient coûté si cher, le P. de Brébeuf voulut se tenir prêt à toutes les éventualités, et il profita de la présence de quelques Hurons restés pendant l'hiver à Québec, pour se faire initier à leur langue. Il passait presque tout son temps au milieu d'eux, et grâce à sa facilité et à ses efforts persévérants, son travail fut couronné de succès. Il obtenait en même temps un précieux résultat. Les témoignages d'intérêt et d'affection qu'il prodiguait aux sauvages, lui gagnèrent si bien leurs cœurs, qu'ils en firent à leur retour le plus grand éloge à leurs compatriotes. Ainsi préludait-il à son apostolat chez les Hurons, où nous allons enfin le voir.

Pendant que le P. de Brébeuf se préparait à partir au premier signal pour les Hurons, la Providence lui amena de nouveaux frères, renfort précieux qui devait encore hâter l'heure de son départ. C'étaient les Pères Noirot et De Noüe, et le frère Gaufreste.

L'activité du P. Noirot était connue depuis long-temps. S'il n'avait pas encore vu se réaliser ses désirs d'être envoyé dans la mission du Canada, il avait poussé à son établissement et travaillé à pourvoir à ses premiers besoins. Il lui apportait un nouveau secours. Le petit bâtiment de soixante tonneaux nommé l'*Allouette* qu'il montait, avait été frété par ses soins. Il l'avait chargé de provisions de toute nature, et ce qui était plus précieux encore, il s'était fait accompagner par vingt ouvriers qu'il avait loués et qui devaient être employés aux travaux domestiques, et surtout à la culture des terres, afin de fournir à l'entretien des missionnaires, et de les rendre indépendants des agents du commerce.

Le P. de Noüe était déjà avancé en âge quand il entra en religion. Sa jeunesse s'était passée à la Cour, à la suite d'un gentilhomme. Les assauts qu'eut à y soutenir sa vertu, montrèrent de quoi est capable un cœur solidement vertueux. Il trouva ce qu'il cherchait dans la religion, le moyen de s'ensevelir dans l'humilité qui rivalisait en lui avec l'obéissance et la charité ; ses dix-huit années de mission furent couronnées par un nouveau genre de martyre. Il mourut gelé sur les bords du Saint-Laurent, le 2 février 1646.

Le bâtiment, qui portait les Jésuites, marchait de compagnie avec la *Catherine*, montée par Champlain et le P. Le Caron, Récollet. Ils avaient plaidé de nouveau à la Cour la cause politique et religieuse de la colonie. Les embarras dans lesquels se trouvait alors engagé le gouvernement, nuisirent au succès de leur démarche ; ils apportaient du moins les sympathies et quelques secours de la mère-patrie.

Rien ne pouvait être plus providentiel. La colonie était aux abois. Loin de favoriser la culture, pour demander des ressources au sol, les agents du commerce l'entravaient par tous les moyens. Ils craignaient trop de manquer de bras pour leurs négociations avec les sauvages. Leur dépôt de provisions, toujours très-limité, était à la veille d'être épuisé. Il ne restait plus qu'un peu de farine qu'on réservait pour les malades. Les autres n'avaient qu'un peu de blé d'Inde que leur vendaient les sauvages. Plusieurs colons épuisés ou découragés parlaient hautement de quitter le Canada, pour retourner en France.

L'arrivée de Champlain et des missionnaires, le 14 juillet 1626, releva tous les courages, et ranima les espérances. On avait de quoi vivre au moins pour un an. Aussi tout changea bientôt de face.

Les Jésuites mirent une telle activité dans l'emploi de leurs ouvriers pour achever leur résidence et défricher quelques champs, et le travail se fit avec tant d'ordre et de rapidité, que Champlain, qui les visitait souvent, ne put retenir son admiration, et leur donna ce précieux témoignage :

« Plût à Dieu que depuis vingt-trois ou vingt-
« quatre ans, les sociétés eussent été aussi unies
« et poussées du même désir ! Il y aurait mainte-
« nant plusieurs habitations et ménages au pays,
« qui n'auraient pas été dans les appréhensions et
« les transes qu'elles ont vues. »

Celui qui eut la plus large part à la joie commune fut encore le P. de Brébeuf, qui trouvait
dans le retour de Champlain et l'arrivée de nouveaux missionnaires, une chance de plus de voir se
réaliser ses désirs. Il ne se trompait pas. Champlain
prit immédiatement la chose à cœur, car le temps
pressait. La flotille des Hurons déjà descendue,
pour leurs échanges, au cap de la Victoire, ne pouvait pas tarder à se remettre en route. Manquer
cette occasion, c'était reculer l'expédition d'une
année. On fit partir les missionnaires pour rejoindre les sauvages, et essayer de trouver place
dans leurs canots. Au P. de Brébeuf et au P. de la
Roche d'Aillon, on avait joint un autre missionnaire, le P. de Noüe, un des nouveaux venus.

Ils furent accueillis avec joie par les sauvages,
qui étaient fiers de voir les Français rechercher
leur alliance et demander à demeurer au milieu
d'eux. Déjà des agents de la compagnie des marchands, avaient trouvé place dans les canots.
Comme toujours, les intérêts matériels qu'ils mettaient en jeu leur rendaient les esprits favorables,
tandis que le trafic tout céleste auquel se livraient

les hommes apostoliques, n'offrait aucun attrait
sensible à ces grossiers habitants des forêts. La
vertu, qui a toujours son langage éloquent, la
charité surtout, et avant tout la divine influence
de la grâce du Ciel, pouvaient seules faire triompher leur cause. Il y eut en effet quelques oppo-
sitions au moment du départ; on parvint à en
triompher avec des présents. Elles donnèrent lieu
à un incident, qui eut son côté plaisant, mais qui
faillit devenir fatal au P. de Brébeuf.

Il était de haute taille et très-puissant de corps.
Sa présence dans les canots légers des sauvages, et
pour ce long voyage de près de huit cents kilomètres, en remontant des cours d'eau très rapides
et sur des lacs très-dangereux, pouvait être un
surcroît d'embarras et de difficultés. Après l'avoir
examiné de tous côtés, le chef du canot qui lui
était assigné, fut effrayé : « Tu es trop lourd, lui
dit-il ; tu nous feras chavirer, » et il refusait de le
prendre; mais la cupidité et la gourmandise furent
plus fortes que la crainte du naufrage. Quelques
présents calmèrent ses frayeurs, et le P. de Brébeuf put trouver sa place dans l'étroit esquif.
Comme ses frères, il allait en payer durement le
prix par de rudes fatigues et des sacrifices de tous
genres. Mais, grâce à l'esprit de zèle qui les ani-
mait, rien ne coûtait à ces cœurs généreux.

Le nombreux convoi, formé de tant d'éléments
divers, se mit enfin en route. Il quitta le Saint-

Laurent, au nord de l'île de Montréal, pour s'engager dans la rivière appelée *Des prairies*, du nom d'un Français de Saint-Malo qui s'égara dans ce cours d'eau, l'ayant pris pour le Saint-Laurent. C'était un bras de la rivière des Ottawas qui descend du nord, et qu'il fallait remonter pendant environ 350 kilomètres pour se rapprocher du pays des Hurons.

Comme toutes les rivières du Canada, celle-ci traversait de vastes solitudes couvertes de forêts séculaires, et abondait en sites variés et en tableaux grandioses et pittoresques. Son lit s'élargit quelquefois et forme de vastes lacs ; ailleurs il est semé d'îles fertiles. Ses eaux sont souvent calmes et tranquilles, souvent elles coulent avec violence sur un plan très-incliné ; c'est ce qu'on appelle un *rapide*.

Les deux plus curieux spectacles que rencontrèrent les voyageurs sur leur route, furent la *chute du rideau* et le *saut de la chaudière*. La première est formée par une petite rivière qui tombe dans l'Ottawa d'une hauteur verticale de plus de vingt mètres. La rive formée de rochers escarpés a une arête vive à son sommet, et la nappe d'eau qui en descend, ressemble à un grand et magnifique rideau aux plis onduleux et variés, qui baigne sa frange argentée dans les eaux de la grande rivière. Cette ressemblance lui a valu son nom.

A quelques milles plus loin, près de la cité actuelle d'Ottawa, capitale de la confédération du Canada, un spectacle bien plus imposant vient frapper les regards, et s'annonce au loin par le bruit terrible des eaux de l'Ottawa. C'est la rivière entière qui, resserrée tout à coup entre deux rochers élevés, se précipite d'une hauteur de treize mètres avec une extrême violence dans le gouffre profond qu'elle a creusé. Comme ce bassin a une forme demi-circulaire, les sauvages appelaient cette chute *asticoa*, et les Français *chute* des chaudières.

Ce lieu était redouté avec raison par les sauvages, car les accidents n'y étaient pas rares. Les malheureux voyageurs qui ne prenaient pas de loin leurs précautions en descendant, étaient entraînés par le courant, et se trouvaient bientôt dans l'impossibilité de lui résister. Ils étaient infailliblement précipités dans l'abîme. L'imagination grossière de ces enfants des forêts avait attaché à ce lieu une idée superstitieuse. Ils croyaient à la présence d'un génie mystérieux, qui demandait des sacrifices aux passants, sous peine de se venger de l'oubli où on le laissait. Pour gagner les bonnes grâces, les sauvages ne manquaient jamais de se livrer à quelques pratiques idolâtriques. Ils se réunissaient en cercle sur le rivage, et un des chefs, tenant à la main un plat d'écorce, recueillait les offrandes qui consistaient ordinairement en un morceau de tabac. Puis le plat étant placé au milieu de l'assemblée, on commençait les danses et les chants, qui étaient suivis par les récits légendaires toujours nombreux et éloquents chez les sauvages. Ils racontent l'histoire du gouffre et des nombreuses victimes qu'il a dévorées, puis les dangers auxquels tant de voyageurs ont été exposés, et combien d'entre eux ont dû leur salut aux sacrifices offerts au génie du lieu. Le plus ancien des chefs prend ensuite le plat, s'approche du précipice, et jette les offrandes dans l'abîme, au milieu des cris de joie de toute la troupe.

Témoins de ces cérémonies superstitieuses, les Missionnaires ne pouvaient que gémir et prier Dieu de hâter le moment où il leur serait donné d'arracher ces pauvres aveugles à l'idolâtrie, pour leur apprendre à connaître et à honorer le vrai Maître de la vie. En attendant, ils étudiaient avec soin leurs mœurs et leurs usages, pour les bien connaître, et s'ils le pouvaient, les réformer un jour.

Cependant le voyage avançait, mais au prix de bien pénibles fatigues. Elles étaient moins épargnées au P. de Brébeuf qu'à ses frères, parce qu'il paraissait plus fort et plus robuste. Ses grossiers conducteurs ne comprenaient pas qu'avec une pareille apparence de vigueur, il pût être exempt de partager leur travail. On lui mettait la pagaie à la main, et on le forçait à nager pendant des journées entières. Il ne lui restait souvent d'autre moment pour dire son bréviaire, que le soir à la lueur du foyer, lorsqu'on campait sur la rive.

Mais le travail le plus pénible consistait à *faire portage*, c'est-à-dire à transporter sur les épaules au delà des obstacles que l'on rencontrait dans la rivière, les bagages, les marchandises, et jusqu'au canot lui-même. On en comptait trente-cinq sur la route des Hurons. « Nous avons eu quelquefois, « écrit le P. de Brébeuf, quatre trajets semblables « à faire par jour, chargés au-dessus de nos forces, « et de telle sorte que nous n'en pouvions plus, « mais Dieu, ajoute-t-il, nous faisait goûter alors « les consolations du Paradis. »

A la hauteur du lac Nipissing les voyageurs quittèrent le bassin de l'Ottawa, pour gagner ce lac qu'ils ne firent que traverser, et ils descendirent par la rivière des Français dans le lac huron. Ce lac que les sauvages nommaient *Kare-grondi*, avait reçu de Champlain le nom de *Mer douce* (1). Il porte même dans quelques cartes le nom de *Lac d'Orléans*, mais celui qu'il doit à la nation huronne, qui habitait sur sa rive orientale, a prévalu.

La flottille aborda bientôt au sol huron, et les Missionnaires eurent enfin la consolation d'arriver

______

(1) Ce lac a près de deux cents kilomètres de long, sur deux cent quarante dans sa plus grande largeur. Sa profondeur est de soixante mètres.

à cette terre objet de tant de désirs, qui sera le théâtre de leurs travaux et qu'ils arroseront de leur sang. Les Anges tutélaires de ces lieux durent bénir leur venue et tressaillir de joie, tandis que les démons, qui y régnaient en maîtres depuis tant de siècles, frémissaient de rage et ourdissaient déjà leurs plans pour arrêter la marche de l'Évangile.

IV

*Le pays des Hurons. — Isolement du P. de Brébeuf. —
Stérilité apparente de son zèle.*

Les Hurons habitaient une vaste presqu'île,
baignée au nord par la baie Georgienne, à l'ouest
par la baie de Nottawassaga, et à l'est par le lac
Simcoe. Champlain trouva sa latitude de 45° 3'; sa
longitude resta plus longtemps incertaine, cependant à l'aide de l'éclipse de lune du 14 avril 1642,
le P. J. Lalemant fixa à 5° 3' 3" la distance horaire
de Paris, c'est-à-dire entre le 82° 30' et le 83° de
longitude ouest. Il se trompait de quelques mi-
nutes.

Le pays des Hurons ne mesurait que quarante
ou soixante kilomètres dans sa longueur, et trente-
deux dans sa largeur. Malgré son peu d'étendue, il
répondait aux besoins de ce peuple occupé surtout
de guerre, de commerce et de chasse. Les baies
qui découpaient ses côtes étaient nombreuses et
sûres, les eaux qui les baignaient très-poisson-
neuses, et ses forêts riches en gibier.

Les Hurons, nous dit le P. J. Lalemant, devaient leur nom à la singularité de leurs chevelures. Elles n'étaient cependant pas uniformes. Les uns se rasaient la tête de manière à ne conserver qu'une touffe de cheveux au sommet. D'autres ne laissaient intacte que la partie qui couvre les oreilles. Le plus grand nombre se ménageaient une bande de cheveux large de trois doigts depuis le front jusqu'à la nuque, et ils la tenaient relevée avec soin en l'imprégnant de graisse. La première fois que les Français les virent, ils s'écrièrent : « oh ! quelle hure ! » et le nom leur resta.

Le P. Sagard, Récollet, dans son *Voyage des Hurons*, fait une peinture plus pittoresque encore de la chevelure et de la toilette des Hurons : « Les « jeunes gens eux-mêmes, dit-il, sont aussi cu- « rieux de s'embellir et farder que des filles. Ils « huilent leurs cheveux, et y appliquent des plumes « et du duvet fort joliment Au lieu de collet de « fine toile, ils se font de petites fraises du même « duvet, qu'ils mettent autour de leur cou, propre- « ment arrangé. Il y en a qui pour braverie por- « tent de grandes peaux de serpent sur le front, en « guise de fronteaux (couronnes), qui leur pen- « dent par derrière une grande aulne de chaque « côté. »

Leurs villages étaient au nombre de dix-huit, et contenaient une population qui s'élevait à cette époque à près de quarante mille âmes. Huit d'entre eux, les plus exposés aux attaques des ennemis, avaient pour défense une triple enceinte circulaire de pieux élevés. Le P. Sagard nous en a conservé cette curieuse description : « Quelques villages, dit, « il, sont fortifiés de longues pièces de bois à triple « rang, à la hauteur d'une longue pique, entre- « lacés les uns dans les autres, et redoublés en « dedans de grandes et grosses écorces de huit à « neuf pieds de haut. Par dessus, il y a des arbres « ébranchés, posés de leur long sur les troncs de- « bout, faits en fourchettes fort courtes pour les « tenir en état. Puis au-dessus de ces palissades et « fermetures, il y a des galeries et guérites les- « quelles ils garnissent de pierres en temps de « guerre pour ruer sur l'ennemi, et d'eau pour « éteindre le feu qu'il y peut appliquer. On y « monte par une échelle assez mal façonnée et dif- « ficile, faite d'une longue pièce de bois, char- « pentée de plusieurs coups de hache pour tenir « ferme du pied en montant. »

C'était tout ce qu'avait pu inventer l'imagination des sauvages pour les protéger contre les ennemis. Nous verrons le P. de Brébeuf leur apprendre dans la suite à tracer des polygones avec des tours ou de petits bastions dans les angles, pour protéger les côtés.

Tel était le pays que venait évangéliser le P. de Brébeuf.

Pour contenter un plus grand nombre de sauvages et donner plus d'extension à leur œuvre, les Missionnaires se divisèrent et formèrent deux stations. Le P. de la Roche d'Aillon alla s'établir au village de Caragouha (1) sur la côte ouest de la presqu'île huronne, et les deux Jésuites s'arrêtèrent à celui d'Ihonatiria (2) auquel le P. de Brébeuf restitua le nom de *Saint-Joseph*, que lui avaient donné autrefois les Récollets.

Une consolation attendait là les deux missionnaires. Ils retrouvèrent encore debout la petite cabane bâtie par le P. Le Carron en 1615, et ils s'y retirèrent. C'est dans ce lieu que pour la première fois, l'Auteur de notre salut était descendu au saint autel sur la terre des Hurons. « On vit alors, « dit à ce propos l'historien américain Bancroft, « l'hostie consacrée que l'Église présente aux « princes et aux grands de la société européenne, « devenir le partage du plus pauvre néophyte « sauvage, qui allait apprendre dans la vie des fo- « rêts, à espérer un bonheur éternel et à redouter « les feux vengeurs. »

La position avantageuse de cette cabane, non moins que ses souvenirs, avait attiré les Missionnaires. Elle était à une petite distance du village,

---

(1) Ce nom disparaît peu après dans l'histoire, et est remplacé par celui d'*Ossossane* ou de *Mission de la Conception*.

(2) On trouve quelquefois *Ihoriotiria*, *Ihonatari*, etc. Champlain donne à ce village le nom de *Otouacha*. D'autres l'ont appelé *Toanchen*, *Toachin*, etc., sans qu'on puisse se rendre bien compte de ces variantes. Sa position était à l'entrée ouest de la baie actuelle de Penetanqueschene.

mais entièrement iolsée. Ils pouvaient s'y rendre facilement, et ils étaient en même temps soustraits à la vie bruyante et si souvent licencieuse des sauvages. Le P. de Brébeuf donnait un autre motif aux sauvages : Nous avons, leur disait-il, de graves affaires à traiter avec le Maître de la vie. Elles demandent la solitude et le silence.

Une fois installés, les Missionnaires s'appliquèrent d'abord à connaître le caractère et les usages des sauvages pour mieux entrer dans leur esprit et gagner leur cœur. A ce premier travail s'ajoutait l'étude de la langue, pour laquelle, écrit, Champlain, le P. de Brébeuf avait une merveilleuse aptitude. Déjà un peu initié à son mécanisme, il parvint sans peine à se perfectionner. Malgré ses efforts et sa bonne volonté, son compagnon le P. de Noüe trouvait, surtout à cause de son âge, un tel obstacle à ses progrès qu'il finit par le croire insurmontable. Sans l'usage de la langue, que faire au milieu des sauvages ? Ses services pouvaient au contraire être utilisés avec grand avantage dans la colonie française de Québec. Son départ fut donc résolu. Dans l'intérêt commun, le P. de Brébeuf n'hésita pas à ce sacrifice, et se résigna à un pénible isolement.

Il allait devenir plus complet encore par le départ du P. de la Roche d'Aillon, avec qui il pouvait avoir des relations de temps en temps. Ce P. Récollet, fixé d'abord à Caragouha, avait tenté une

expédition apostolique au milieu de la nation
Neutre, voisine des Hurons. Elle devait ce nom
aux Français, parce que, située entre les Hurons
et les Iroquois, elle ne prenait aucune part à leurs
guerres continuelles, et son territoire ne devait jamais servir de théâtre à leurs conflits : mais rien
ne vint confirmer les espérances données au P. de
la Roche d'Aillon. Il trouva plutôt des cœurs hos-
tiles. A la nouvelle des dangers qu'il courait, le
P. de Brébeuf lui envoya une lettre pressante,
pour l'engager au nom de la religion et de la colonie, où sa mort pourrait porter le trouble, à revenir chez les Hurons. Les sollicitations du Jésuite
lui parurent sages et prudentes, et il s'empressa de
les suivre. Ce ne fut pas pour partager longtemps
les travaux de son confrère, et mettre fin à sa dure
solitude. Presqu'aussitôt, il fut rappelé à Québec,
et le P. de Brébeuf n'eut plus pour confidents de
ses pensées, et témoins de ses sacrifices, que Dieu
et ses Anges.

Cependant une chose coûtait plus encore au
cœur du P. de Brébeuf que sa solitude, c'était la
stérilité apparente de ses œuvres. Il avait beau se
dépenser auprès des sauvages, les visiter, s'entretenir avec eux, leur rendre tous les services que
peut inspirer le zèle, il obtenait bien leur estime
et leur affection, mais il ne venait pas à bout de
remuer leur insouciante indifférence pour la foi.
« Tes usages ne sont pas comme les nôtres, répon-

« daient-ils invariablement à la Robe Noire. Notre
« pays est si différent du tien, qu'il n'est pas
« possible qu'ils aient le même Dieu pour au-
« teur. »

Un orgueil secret et surtout la vie licencieuse
joints aux préjugés et aux pratiques superstitieuses,
étaient des obstacles bien plus difficiles encore à
vaincre pour arriver à leurs cœurs. Ce triomphe
ne pouvait être que l'œuvre du temps et de la
grâce.

Le P. de Brébeuf attendait « dans la patience »
l'heure du Seigneur. Cependant il allait toujours à
la recherche des enfants malades et en danger de
mort, et il leur ouvrait les portes du ciel. Il visitait les malades et les soignait souvent de ses
propres mains. Il accourait surtout auprès de ceux
qu'il apprenait être en danger, pour leur parler,
s'il était possible, du Dieu qui console dans la
maladie, et leur offrir par les sacrements de la foi,
un accès à l'éternel bonheur. Plus d'une fois sa
parole apostolique triompha de leurs résistances,
et grâce à l'eau sainte du baptême, il lui fut donné
d'envoyer au Ciel quelques élus de plus.

Une autre œuvre bien digne de son zèle, et qui
devait être d'une grande utilité pour les futurs
Missionnaires hurons, occupait une partie de son
temps. Il entreprit la traduction du catéchisme du
P. Lédesma, qui résume en quatorze leçons très-
courtes, tout l'enseignement de la foi : travail pré-

cieux que Champlain a sauvé de l'oubli, en l'insérant, en 1632, à la suite de l'histoire de ses voyages, comme un curieux spécimen d'une langue inconnue jusque-là en Europe.

Telle était la vie du P. de Brébeuf pendant son premier séjour aux Hurons : mais s'il gaguait peu d'âmes à la foi, il avait eu le secret de gagner les cœurs. Un fait qui tient du prodige, et que le Ciel accorda à ses prières, donna à son crédit une puissance et un éclat nouveaux. Laissons la parole à l'homme de Dieu, qui en a inséré le récit quelques années après, dans la *Relation des Missions* de 1636. Ce récit révèle son zèle et sa foi, en même temps que son humilité.

« La sécheresse étoit extraordinaire partout,
« mais principalement dans notre village et aux
« environs. Je m'étonnois de voir parfois le ciel
« chargé de nuées ailleurs, d'ouïr bruire le ton-
« nerre, tandis qu'en nos quartiers au contraire,
« le ciel étoit très-pur, très-serein et très-ardent ;
« il sembloit même que l'orage se divisoit pour
« fuir nos contrées. Un certain sorcier, nommé
« Téhoren-Haegnon, plus fameux que les autres,
« étant prié de faire pleuvoir, répondit qu'il ne le
« pouvoit pas, et que le tonnerre qu'il supposoit
« être un oiseau, avoit peur de la croix qui étoit
« devant la maison des François : que cette cou-
« leur rouge dont elle étoit peinte, étoit comme un
« feu ardent et flamboyant, qui partageoit les

« nuées en deux, quand elles venaient à passer
« par dessus.

« Les capitaines du village ayant entendu ces
« nouvelles me firent appeler, et l'un d'eux me
« dit : « Mon neveu, voilà ce que dit un tel, que
« réponds-tu à cela ? Nous sommes perdus, car
« nos blés ne naissent pas et ne mûriront pas. Si
« au moins nous mourions par la main et les
« armes de nos ennemis, qui sont près de fondre
« sur nous, encore à la bonne heure ; nous ne
« languirions pas ; mais si, étant échappés de
« leurs fureurs, nous tombons dans la famine,
« c'est bien pis. Qu'en penses-tu ? Tu ne voudrois
« pas être cause de notre mort ? Cela, après tout,
« t'importe autant qu'à nous. Nous serions d'avis
« que tu abattisses cette croix. Cache-la pour
« un temps dans ta cabane ou dans le lac ;
« le tonnerre, ne la voyant plus, n'aura plus
« peur, et après la moisson tu la replanteras. »
« Je répondis : « Jamais je n'abattrai ni ne
« cacherai la croix où est mort l'Auteur de tous
« nos biens. Pour vous, si vous voulez le faire,
« avisez-y ; je ne pourrai pas vous en empêcher ;
« mais prenez garde d'irriter Dieu et d'accroître
« encore votre misère. Croyez-vous à cet impos-
« teur ? Fait-il ce qu'il dit ? Depuis plus d'un an
« que cette croix est plantée, combien de fois a-t-il
« plu ici ? Il n'y a qu'un ignorant qui puisse dire
« que le tonnerre la craint ; car ce n'est pas un

« animal, mais une exhalaison sèche et embrasée
« qui, étant renfermée, court çà et là pour sortir.
« Et puis que craint le tonnerre ? Cette couleur
« rouge ? Otez donc aussi toutes ces figures et
« peintures qui sont sur vos cabanes. »

« A cela ils ne savoient que répliquer ; ils se
« regardoient, murmuroient : c'est vrai, gardons-
« nous bien de toucher à cette croix ; et cepen-
« dant, ajoutoient-ils, Téhoren-Haegnon a dit
« cela. »

« Il me vint alors une pensée : « Puisque,
« ajoutai-je, Téhoren-Haegnon prétend que le
« tonnerre craint cette couleur, si vous voulez,
« nous peindrons la croix en blanc, en noir, ou de
« quelqu'autre façon ; et si, incontinent après, il
« vient à pleuvoir, vous croirez que Téhoren-
« Haegnon a dit vrai ; sinon qu'il est un impos-
« teur. — C'est fort bien avisé, s'écrièrent-ils ;
« ainsi faut-il faire !

« On peint donc la croix de blanc ; mais un,
« deux, trois, quatre jours se passent, et il ne
« pleuvoit pas plus qu'auparavant. Cependant tous
« ceux qui voyoient la croix se fâchoient contre ce
« sorcier, qui étoit cause qu'on l'avoit défigurée de
« la sorte.

« J'allai alors trouver les anciens : « Eh bien !
« a-t-il plu davantage qu'auparavant ? Êtes-vous
« satisfaits ? » — « Oh ! dirent-ils, nous voyons
« bien que Téhoren-Haegnon est un menteur ;

« mais apprends-nous, toi, ce que nous devons
« faire, et nous t'obéirons. »

« Alors Notre-Seigneur m'inspira de les ins-
« truire du mystère de la Croix, de l'honneur que
« partout on lui rendoit et de leur dire que j'étois
« d'avis qu'ils vinssent tous en corps, hommes et
« femmes, adorer la croix, pour réparer l'injure
« qu'on lui avoit faite. J'ajoutai que, puisqu'il s'agis-
« soit de faire croître les blés, ils feroient bien d'en
« apporter chacun un plat pour en faire offrande
« à Notre-Seigneur, et que ce qu'ils donneroient
« seroit ensuite distribué aux pauvres du village.

« L'heure est fixée au lendemain ; ils ne l'at-
« tendent pas, ils la préviennent. La croix avoit
« repris sa première couleur, et j'y avois mis un
« crucifix. Nous faisons quelques prières, puis
« j'adorai Dieu, et baisai l'instrument de son sup-
« plice pour leur montrer comment ils devoient
« faire. Ils me suivirent les uns après les autres,
« apostrophant notre Sauveur crucifié, par des
« prières que la rhétorique naturelle et la néces-
« sité du temps leur suggéroient. Certes, leur fer-
« vente oraison me donnoit de la dévotion. Bref,
« ils firent si bien que, dès la même journée, Dieu
« leur accorda de la pluie, et enfin une très-heu-
« reuse récolte avec une grande admiration de la
« puissance divine. »

Le P. de Brébeuf conclut ainsi : « S'il y avoit
« ici quelqu'un doué du don des miracles, ainsi

« qu'étoient les premiers apôtres qui ont annoncé
« l'Evangile au monde, il convertiroit, à mon
« avis, sans difficulté, tous ces barbares ; mais
« Dieu départ ses faveurs quand, à qui et com-
« ment il lui plaît, et peut-être veut-il que nous
« attendions la récolte des âmes avec patience et
« persévérance. »

Le serviteur de Dieu ne se trompait pas dans
ces appréciations sur la conduite de la Providence.
Il était encore loin du terme de ses épreuves. Les
tristes événements qui se passaient à Québec,
allaient le retarder encore.

V

Tandis que le P. de Brébeuf jetait seul, avec tant
de peine et si peu de succès apparent, les fondements de la mission huronne, la colonie se voyait
réduite à une détresse extrême. Le monopole rui-
neux, exercé par l'administration avare des marchands, devait y conduire infailliblement. Les
efforts de Champlain pour conjurer ces malheurs,
étaient impuissants. Ceux des religieux n'étaient
pas plus heureux, et leurs missions étaient aux
abois. Aux demandes qu'ils adressaient aux agents
du commerce, ceux-ci répondaient invariablement : « Nous n'avons pas d'ordres pour vous assister. »

Dans l'espérance de prévenir ces cruels embarras, les Jésuites avaient renvoyé en Europe le P. Noirot, et ils l'attendaient avant l'hiver avec les secours qu'il aurait pu recueillir : mais l'hiver toujours si long et si rigoureux dans ces contrées approchait, et aucun convoi n'arrivait. On avait même appris que le P. Noirot était lui-même en Europe, aux prises avec des difficultés dont il ne prévoyait pas le dénouement.

Cette situation critique alarma avec raison le P. Ch. Lalemant, qui avait vingt-huit personnes à entretenir ; que faire ? Dans cette cruelle anxiété, il prit un parti extrême qui nous révèle toute la gravité de la position. Il s'embarqua lui-même pour l'Europe avec ses vingt ouvriers, devenus une charge trop lourde pour la mission. Il voulait hâter l'arrivée des secours s'ils étaient prêts, les préparer s'ils ne l'étaient pas, et porter plus efficacement ses plaintes à la Cour.

Le P. Lalemant laissa le P. Masse à la tête de la mission. « Il accommoda ses frères le mieux qu'il « put, dit Champlain, achetant dix barriques de « biscuit du magazin au prix des sauvages, c'est-à- « dire sept castors par barriques, à un écu comp- « tant par castor. Il payait ainsi chèrement ce que « la nécessité demandait. »

Dans ces extrémités, le P. de Brébeuf avait reçu l'ordre de quitter les Hurons, et de descendre à Québec. Ce fut un coup bien dur au cœur de

l'apôtre. Il fallait abandonner son œuvre encore aux fondements ! Qu'allaient devenir ces deux années de souffrances et de travaux ? Il fallait s'arracher à ses sauvages devenus sa famille d'adoption, qu'il aimait comme saint Paul aimait les premiers chrétiens, et dont il était au fond plus aimé qu'il ne pensait. Son cœur se fendit en entendant leurs reproches et leurs adieux touchants. « Eh quoi! Echon (nom huron du P. de Brébeuf),
« tu nous abandonnes! Depuis deux ans, tu vis
« avec nous pour apprendre notre langue, et nous
« apprendre à connaître le Maître de la vie. Déjà
« tu parles comme nous, mais nous ne savons pas
« encore adorer et prier Dieu comme toi, et tu
« nous laisses ! Si nous ne connaissons pas le
« Dieu que tu sers, nous l'appellerons à témoin
« que ce n'est pas notre faute, mais la tienne puis-
« que tu nous quittes. »

Le P. de Brébeuf ne pouvait répondre que par des larmes à ces touchants témoignages d'affection, et son cœur était brisé par la douleur, il se consolait pourtant dans l'espérance de revoir un jour ce théâtre de ses premiers combats, et il rassura les sauvages eux-mêmes par l'espérance de son retour. D'autres épreuves plus poignantes encore attendaient le serviteur de Dieu à son retour à Québec. Il venait partager les dernières souffrances de la colonie, et assister à sa ruine.

Le P. Lalemant était parti du Canada le 2 septembre 1627, et à son arrivée en France, il fut agréablement surpris de voir le mouvement de réforme qui commençait à s'opérer dans les affaires de la colonie. Les plaintes si souvent formulées contre l'administration des marchands, avaient enfin trouvé de l'écho auprès du gouvernement. Le Cardinal de Richelieu, alors à l'apogée de sa puissance, avait résolu d'y porter remède. Il obtint sans peine que le vice-roi, le duc de Ventadour, renonçât à ses droits dans l'intérêt de la colonie.

Le Cardinal forma une administration sur un plan tout nouveau. Les anciennes sociétés des marchands n'ayant pas rempli leurs engagements, furent supprimées. Il leur substitua une Compagnie de cent associés dont les lettres patentes furent signées par Louis XIII au camp de la Rochelle, le 25 avril 1627. Tous ses membres étaient animés des motifs les plus purs, et les plus sages mesures semblaient prises pour assurer la prospérité et le bonheur de la colonie ; des revers de toute nature vinrent déjouer tous les plans et ruiner les plus belles espérances.

Dans le désir de subvenir aux besoins les plus pressants, la nouvelle Compagnie expédia au plus tôt au Canada un navire chargé de vivres, mais il fut capturé par les Anglais, que des traîtres avaient avertis de son départ. Ces ennemis acharnés de la prospérité de la France autant que de sa religion, ne s'en tinrent pas là. Ils crurent le moment favorable pour s'emparer de la colonie française, dont ils connaissaient la détresse. Ils mirent à profit les services d'un traître, David Kerkt, calviniste de Dieppe, qui s'était réfugié en Angleterre avec ses deux frères, et ils lui donnèrent le commandement d'une escadre avec ordre de fermer le Saint-Laurent à tout secours venant de France, et de s'emparer de Québec.

Kerkt s'avança jusqu'au cap Tourmente, à 26 kilomètres de Québec, et le 3 juillet 1628, il envoya sommer Champlain de se rendre.

L'état de détresse de cette ville infortunée avait toujours été croissant. Sa seule ressource était dans l'énergie et l'activité de son intrépide gouverneur. Il fit à l'Anglais une réponse que l'histoire peut mettre au rang de ses belles paroles : S'il « a envie de nous voir de plus près, lui fit-il dire, « qu'il s'achemine, et ne nous menace pas de si loin. »

Cette ferme contenance en imposa à Kerkt, et il n'osa avancer dans la crainte que la place ne fût en meilleur état qu'il ne pensait. « Cependant, « ajoute Champlain, chaque homme était réduit à « sept onces de pois par jour, n'ayant plus alors « que cinquante livres de poudre à canon, plus de « mêches et de toutes autres commodités, mais en « ces occasions bonne mine n'est pas défendue. »

Champlain comptait un peu sur la flottille des Hurons avec lesquels devait descendre le P. de Brébeuf. Leurs canots arrivaient ordinairement

chargés de blé d'Inde : mais en abordant le
17 juillet, ils n'en apportèrent que deux sacs sur
lesquels tout le monde se jeta. « Il fut hors de ma
« puissance, ajoute Champlain, d'en avoir ni peu,
« ni prou (1). Il ne m'en fut pas même offert une
« écuellée. Toutefois, je prenais patience ayant
« toujours bon courage. »

Ce retour du P. de Brébeuf ne ramena donc pas
l'abondance à Québec, mais il vint partager les
épreuves de ses frères et des colons, et les aider à
les supporter. Elles étaient loin en effet de toucher
à leur terme. Il fallait se préparer à passer l'hiver
dans un dénuement presque complet. « Il y avait
« dans l'habitation, écrit le Récollet Sagard,
« quatre-vingts bouches, dont les dents croissaient
« comme l'herbe en bonne terre, faute d'avoir de
« quoi les employer. » Il fallut toute la prudence
et l'énergie de Champlain, et l'influence morale
des Missionnaires pour prévenir les désordres
qu'engendrent ordinairement ces grandes calami-
tés. Mais la Providence allait donner à cette
crise une solution triste et imprévue.

Ignorant ce qui se passait sur le Saint-Laurent,
la Compagnie des cent associés avait fait de grands
préparatifs pour envoyer au Canada en 1628, une
flotte de cinq vaisseaux, munis de secours de toute
nature. Elle était commandée par M. de Roque-

____

(1) Beaucoup.

mont, un des associés, et portait en même temps six missionnaires, deux Récollets les PP. Daniel Boursier et François Girard, et quatre Jésuites, les PP. Charles Lalemant, François Ragueneau (1), Philibert Noirot et le frère Louis Malot. Un jeune Huron, Louis Amantacha (2), qui avait été baptisé à Rouen, revenait avec eux.

D'après ses instructions, Roquemont devait éviter avec soin la rencontre des Anglais, à cause de la supériorité de leurs forces ; mais « trop de courage, dit Champlain, lui fit hasarder le combat » dans les eaux du Saint-Laurent, et après d'héroïques efforts, quatre vaisseaux tombèrent aux mains des Anglais avec cinq missionnaires qui furent renvoyés en France. Celui qui portait 1e P. Noirot échappa seul, et alla porter dans la mère-patrie la nouvelle de ce désastre.

(1) Le P. F. Ragueneau ne fit que voir le Canada sans y prendre terre comme nous allons le dire, mais il eut un frère nommé Paul, qui y vint plus tard, et y passa plus de vingt-cinq ans.

(2) Louis Amantacha, surnommé *le Castor*, était allé en France avec le P. Ch. Lalemant. Il séjourna au collége des Jésuites à Rouen et y fut instruit Son baptême fut un événement pour la ville L'archevêque François de Harlay voulut le lui conférer dans sa métropole. Le néophyte fut tenu sur les fonds sacrés par le vice-roi de la province, Henri, duc de Longueville, et par la duchesse de Villars. En considération du Roi, il reçut le nom de *Louis de Sainte-Foi*. Comme c'était le temps de l'Avent, l abbé Véron prédicateur de la station, y fit une heureuse allusion qui électrisa son auditoire, disent les mémoires du temps. Il lui fit entrevoir dans cette conquête de l'Eglise les prémisses de la conversion d'une nation entière et les plus consolantes espérances.

Nous trouverons plus tard Amantacha se faisant disciple zélé du P. de Brébeuf, et son auxiliaire dévoué.

4

A peine rendu à la liberté, l'infatigable P. Lalemant se mit à recueillir de nouvelles ressources,
pour tenter encore de secourir ses frères. Il ne put
s'embarquer que le 29 juin 1629, avec le P. Noirot,
le P. de Vieuxpont et le frère Malot. Il accompagnait un nouveau convoi, frèté par la Compagnie des cent associés.

Dieu permit que le sort de cette seconde expédition fut plus triste encore que celui de la première. Assaillie par une horrible tempête sur les
côtes d'Amérique, une partie de la flotte fit naufrage près de Canzeau. Le P. Noirot et le F. Malot
furent engloutis dans les eaux.

En toute hypothèse, ce secours serait arrivé
trop tard. Québec venait de tomber au pouvoir des
Anglais.

Averti par des traîtres que la ville était réduite
à un état désespéré, Louis Kerkt, frère de l'amiral,
se présenta le 19 juillet avec plusieurs vaisseaux
devant la ville pour s'en emparer.

Toute résistance était impossible ; mais pour
sauvegarder son honneur, Champlain, avant de se
rendre, voulut avoir l'avis des religieux et des
principaux habitants. Ils jugèrent tous que dans
cette critique circonstance, leurs ennemis devenaient leurs sauveurs.

Toutefois, Champlain sut déguiser si habilement
la situation déplorable où étaient les Français,
qu'il dicta lui-même les conditions de la capitu-

lation : les propriétés restaient inviolables, les religieux, et tous ceux des colons qui le voudraient, étaient libres de retourner en France.

Ce fut un cruel moment pour les Français que celui où l'ennemi entra en possession de sa conquête. Champlain voyait périr la colonie dont il était le fondateur et le père. Cette mission encore au berceau, et qui avait été enfantée dans les douleurs, se trouvait d'un seul coup anéantie. Les hommes apostoliques étaient forcés de quitter une terre qu'ils aimaient, et qu'ils ambitionnaient de conquérir à leur Dieu.

Le P. de Brébeuf se trouvait deux fois malheureux, et d'avoir abandonné ses chers Hurons, et de partir du Canada où il eût préféré mourir.

La conduite du vainqueur, traître à sa patrie et à son Dieu, aggrava encore tant de douleurs. Il n'épargna ni ses insultes ni ses mépris. Il y ajouta même le sacrilége.

Au moment où les Jésuites transportaient leurs bagages sur le vaisseau sous les yeux du commandant anglais, celui-ci aperçut dans les mains du P. Masse une boîte enveloppée avec soin. « Qu'est cela ? s'écria-t-il, — Ce sont des vases sacrés, dit le Père. N'y touchez pas. » Cette réponse réveilla sa haine d'hérétique. Il entra en colère, et par une bravade impie, il porta sur les vases sacrés une main sacrilége.

A Tadoussac où s'arrêta un moment le vaisseau

chargé de ramener en France les Missionnaires et quelques colons, ce ne furent plus les vases sacrés seulement que les vainqueurs profanèrent, c'est l'oint du Seigneur, un prêtre, le P. de Brébeuf lui-même, qui fut menacé et indignement insulté.

Devant son équipage et en présence même des Jésuites, l'amiral donnait un jour un libre cours à ses sentiments anticatholiques, et disait tout haut que les Jésuites n'étaient venus au Canada que pour dépouiller le sieur de Caën, un des principaux agents du commerce. « Pardon, reprit hardiment mais avec modestie le P. de Brébeuf, « nous n'avons été conduits ici que par le désir de « procurer la gloire de Dieu et la conversion de « ces nations infortunées. »

Kerkt ne répliqua pas, mais parmi les témoins de cette scène il y avait un marin de Dieppe, traître lui aussi à son pays et à sa foi. On l'appelait Jacques Michel, et il avait servi de pilote aux Anglais pour arriver à Québec. Plus hardi que son chef : « Oui, « oui, reprit-il, convertir les sauvages ! dites plu- « tôt convertir les castors. » Cette plaisanterie grossière, que l'impiété a aimé à rajeunir depuis, émut le P. de Brébeuf, et sortant de son calme ordinaire il lui dit avec vivacité : « Ce n'est pas vrai. »

Le marin furieux se lève en faisant un geste menaçant : « Si je n'étais pas retenu par le respect « que je dois à mon chef, lui dit-il, je vous appli-

« querais un soufflet pour votre démenti. » « Je
« vous demande pardon, reprit aussitôt avec humi-
« lité le P. de Brébeuf. Mon intention n'était pas
« de vous blesser, et si ma réponse vous a fait de
« la peine, je la regrette. »

La réparation était complète, mais au lieu de
calmer cet homme insolent, elle provoqua de nouveaux blasphèmes contre Dieu et ses Saints. Témoin de cette scène qu'il a insérée dans ses Voyages,
Champlain ne put s'empêcher de lui dire : « Comme
« vous jurez, pour un réformé ! — C'est vrai, ré-
« pliqua celui-ci ; mais je suis furieux contre ce
« Jésuite qui m'a donné un démenti. Je veux être
« pendu plutôt que de laisser passer la journée de
« demain, sans lui donner la paire de soufflets
« qu'il mérite. »

La journée du lendemain se passa sans que le
Jésuite reçût les soufflets, mais non pas sans que
la main de Dieu eût vengé son serviteur par un
terrible châtiment.

En allant rejoindre ses compagnons, Michel leur
dit : « Allons boire, et noyons dans le vin la colère
« que ces sycophantes ont excitée si justement. »
Il but avec excès selon sa coutume, mais dans son
état d'exaltation il allait en être la victime. A la
grande terreur de ceux qui étaient près de lui, il
fut foudroyé par l'apoplexie. Il resta deux jours
sans parole et sans connaissance, au bout desquels
il mourût misérablement.

4.

Comme pour défier Dieu, Kerkt fit faire à ce malheureux de magnifiques funérailles auxquelles assistèrent tous ses soldats ; mais la vengeance de Dieu sembla poursuivre le coupable jusque dans la tombe. Les sauvages furent son instrument. Indignés de la conduite de ce traître envers le P. de Brébeuf, ils sortirent de terre son cadavre aussitôt après le départ des Anglais, et pour accomplir sans le savoir les imprécations du blasphémateur, ils le suspendirent aux arbres de la forêt, et peu après le jetèrent aux chiens, comme une pâture immonde.

Les Missionnaires, ramenés par les vaisseaux anglais, furent déposés à Calais à la fin d'octobre 1629. Les Jésuites reçurent sans tarder leur destination pour différents colléges. Le P. Masse reprit son ancien poste de ministre à la Flèche. Le P. de Noüe alla à Bourges. Quant au P. de Brébeuf, il rentra au collége de Rouen, théâtre de ses premiers travaux. Il les reprit avec un nouveau zèle grandi par les années et les épreuves. La ville et les environs en recueillirent pendant deux ans les fruits abondants.

C'est alors que dans cette ville, qui avait été le berceau de sa vie religieuse, et où il avait pris ses premiers engagements sacrés, il lui fut accordé de se lier au service du Seigneur par de nouveaux serments qui ne furent pas plus sacrés, mais plus solennels que les premiers. Nous voulons parler des derniers vœux qui se font dans la Compagnie de Jésus, alors que l'homme ainsi que le religieux, mûri par l'âge et par l'expérience de la vie, est à même d'accepter plus librement et de connaître plus complétement les devoirs et le bienfait de sa vocation.

Le P. de Brébeuf prononça les vœux de Coadjuteur spirituel le 30 janvier 1630, dans la chapelle du collége, entre les mains du P. J. Bertrix, alors recteur.

Pendant la retraite qui prépara le P. de Brébeuf à cet acte solennel, Dieu prodigua ses bénédictions à son serviteur. Fidèle aux conseils de saint Ignace, il notait dans un petit journal les lumières et les bons mouvements que lui envoyait le Ciel. Nous n'en possédons malheureusement que de courts fragments. En voici un qui témoigne de la haute vertu où s'était élevé le serviteur de Dieu.

« J'ai senti, écrit-il, un vif désir de souffrir
« quelque chose pour Jésus-Christ. J'ai craint
« d'être réprouvé , parce que Notre-Seigneur
« m'avait traité jusqu'à présent avec tant de dou-
« ceur, en pensant surtout que j'avais grièvement
« offensé sa divine Majesté. J'aurai confiance dans
« mon salut, quand Dieu me donnera des occasions
« de souffrir.

« Ayant considéré mes péchés si graves et si
« nombreux, j'ai cru voir de l'autre la divine mi-
« séricorde me tendant les bras pour m'embrasser

« avec bonté, me pardonnant par armistice tous
« mes péchés passés, enfin m'invitant à lier avec
« lui une étroite amitié, et me disant comme au-
« trefois à Paul : tu seras pour moi un vase d'élec-
« tion et tu porteras mon nom aux nations.

« Alors j'ai remercié Dieu ; je me suis offert et
« j'ai dit : faites-moi, Seigneur, un homme selon
« votre cœur. Enseignez-moi ce que vous voulez
« que je fasse. Rien maintenant ne me séparera
« de votre amour, ni la nudité, ni le glaive, ni la
« mort, etc.

« Faut-il que moi, membre de votre sainte
« Compagnie, moi destiné à être votre apôtre du
« Canada si j'avais été fidèle, moi à qui vous avez
« donné non le don des langues, mais une très-
« grande facilité pour les apprendre, j'aie pris si
« peu de soin de moi-même !

« Je n'ai trouvé en moi aucune affection pour
« quelque péché véniel, de manière à le com-
« mettre avec plaisir.

« J'ai prié Dieu de ne pas me couper comme un
« arbre inutile, mais de m'accorder encore cette
« année, et j'ai promis de porter de meilleurs
« fruits. »

Le désir de s'unir toujours de plus en plus à
Dieu, occupait surtout ce noble cœur. Nous le trouvons formulé dans les notes de sa retraite de
l'année suivante, sous la date du 12 mai 1631.
C'est une admirable protestation de fidélité par la-

quelle il s'engage à ne plus servir jamais que celui qui l'appelle, et pour donner à ce témoignage comme un caractère d'amour plus sacré, il voulut l'écrire et le signer avec son sang. La voici traduite du latin :

« Seigneur Jésus, mon Rédempteur ! vous
« m'avez racheté par votre sang et votre mort
« très-précieuse. C'est pourquoi je vous promets
« de vous servir toute ma vie dans la Compagnie
« de Jésus, et de ne jamais servir aucun autre que
« vous. Je signe cette promesse de mon sang, dis-
« posé à vous le sacrifier tout entier, aussi volon-
« tiers que cette goutte.

« Jean de Brébeuf, Soc. J. »

Promesses sacrées, qu'il ne violera jamais ; arrhes sanglantes, gages du martyre que Dieu lui réserve dans l'avenir. Pressentait-il dès lors la faveur que Dieu devait lui accorder un jour ? Nous ne le savons pas, mais ce qui est sûr, c'est que toutes ses pensées, tous ses vœux se portaient vers ces missions sauvages. Il communiquait cette pieuse ardeur à ceux qui l'entouraient, et les jeunes religieux surtout brûlaient du désir de partager un jour ses travaux.

Ce feu sacré trouva un nouvel aliment dans la présence du P. Charles Lalemant à Rouen. Après ses tentatives infructueuses pour aller au secours de la mission du Canada, et les deux naufrages dont il faillit être victime, il avait été chargé de gouverner le collége de Rouen. Ce furent sans doute les exemples et les paroles de ces deux apôtres de la Nouvelle-France, qui valurent au Canada deux missionnaires qui s'y sont rendus célèbres, et qui professaient alors au collége de Rouen. L'un, le P. Jogues, après treize mois de captivité chez les Iroquois au milieu de péripéties, qui font de sa vie un vrai roman, selon l'expression d'une grande reine, recevra le coup de la mort de la main de ces mêmes sauvages.

L'autre, le P. Simon Le Moyne, sera le grand négociateur de la paix avec les Iroquois, et deviendra pendant de longues années, leur apôtre.

Pendant que le zèle du P. Lalemant et du P. de Brébeuf préparait des missionnaires pour le Canada, et se nourrissait du désir d'y retourner un jour, Champlain, l'âme de la colonie, travaillait à la faire rendre à la France. Voyant que dans les Conseils du Roi il y avait à ce sujet de l'hésitation et même un peu d'indifférence, il posa la question du Canada comme une question d'honneur et d'utilité, intéressant à la fois la religion et la patrie. Il plaida si bien sa cause auprès du Cardinal ministre, que celui-ci, vaincu par ses raisons, se rangea enfin de son avis, et se mettant à l'œuvre avec énergie, il triompha des lenteurs que depuis deux ans l'Angleterre apportait à la solution de cette affaire. Le traité de Saint-Germain-en-Laye du 29 mars 1632, rendit à la France le Canada

Grande fut la joie de la mère patrie, en retrouvant la fille qu'on lui avait arrachée ; mais où la joie fut à son comble. Ce fut parmi les Missionnaires. Ils n'avaient cessé d'adresser au ciel les vœux les plus ardents pour le succès des négociations. Quelques-uns même avaient formé entre eux une association de prières, et chaque jour l'un d'eux offrait dans ce but le saint sacrifice de la messe. Des Communautés religieuses entrèrent dans cette pieuse ligue. Les Carmélites et les Ursulines multipliaient leurs oraisons et leurs pénitences, et dans la chapelle des Bénédictines de Montmartre, les religieuses établirent l'adoration perpétuelle. Le Ciel se laissa fléchir par tant de vœux.

Les négociations une fois terminées, des mesures furent aussitôt prises pour aller au plus tôt au secours de la colonie et les intérêts de la religion ne furent pas oubliés. Par un choix, dont nous ne connaissons pas les motifs, la direction religieuse de la colonie devait être confiée aux Pères Capucins : mais quand ces religieux eurent connu le premier et laborieux séjour des Jésuites au Canada, et comment ils avaient été dépossédés et expulsés injustement, ils renoncèrent aux offres que leur faisait le Cardinal, et provoquèrent eux-mêmes le retour des Jésuites dans leur ancienne mission. (*Archiv. de Québec*).

Les premiers qui y retournèrent furent le P.

Paul Le Jeune, nommé supérieur de la mission, le P. de Noüe et le frère Gilbert Buret. Ils y abordèrent en juin 1632, conduits par Duplessis-Bochard, lieutenant de Champlain pour le Canada, avec charge d'en prendre possession en son nom. Cette même année, le capitaine Daniel de Dieppe avait conduit son frère le P. Antoine Daniel et le P. Davost au poste de Sainte-Anne, dans l'Ile du cap Breton, qu'il était chargé de ravitailler. Ce poste était son œuvre ; il l'avait fondé en 1629, en l'enlevant aux Anglais, et le drapeau de la France n'avait pas cessé d'y flotter, même pendant l'occupation anglaise du Canada.

Le P. de Brébeuf ne revit sa chère mission qu'en 1633. Il était en ce moment procureur et missionnaire dans le petit collége de la ville d'Eu (1).

(1) Ce collége, fondation du duc de Guise le Balafré, s'ouvrit le 10 janvier 1582.

VI

Retour du P. de Brébeuf au Canada. — Les Hurons à Québec. — Entraves mises au départ du P. de Brébeuf.

Le 23 mars de l'année 1633, une petite escadre appareillait dans le port de Dieppe, chargée de porter Champlain au Canada. Elle ne comptait que trois vaisseaux jaugeant en tout deux cent cinquante tonneaux, et portant seulement vingt-huit canons et deux cents hommes. Mais la joie régnait à son bord, et l'espérance brillait sur tous les fronts. L'un de ces bâtiments, le *Saint-Pierre,* décoré du titre pompeux de vaisseau-amiral, portait Champlain nommé « capitaine pour le Roi en la « marine et lieutenant de Monseigneur le Cardinal « dans toute l'étendue du Saint-Laurent. » Il était moins fier de ce titre que heureux de reprendre son œuvre, si tristement laissée. Il emmenait avec lui deux Pères Jésuites, anciens habitants du Canada, les PP. Masse et de Brébeuf.

L'escadre entra au commencement de mai dans le golfe Saint-Laurent, encore couvert de glaces flottantes, qui la forcèrent de ralentir sa marche, en sorte qu'elle n'entra dans la rade de Québec que le 5 juin.

Trois coups de canon annoncèrent aux colons cette heureuse nouvelle. Le fort y répondit, et souhaita à son sauveur une joyeuse et bruyante bienvenue. Le lendemain, Champlain reprit, solennellement et avec bonheur, possession de son gouvernement cédé sans tache à la force ; mais rien n'égala la joie des deux missionnaires, qui mettaient de nouveau le pied sur ce sol chéri, dont l'abandon avait tant coûté à leur cœur. Le P. de Brébeuf se laissant aller aux transports de son âme, baisa avec amour une terre qui était pour lui comme la terre promise, et qu'il ambitionnait d'arroser de ses sueurs, et s'il le fallait, de son sang.

Qu'était devenue pendant l'occupation anglaise, la petite résidence des Jésuites de Notre-Dame des Anges ? Elle avait été à moitié détruite par les vainqueurs. Le P. Le Jeune, qui y rentra, le premier, l'année précédente, a laissé cette description complète et curieuse de son état primitif : « La « maison est à deux cents pas du rivage. Elle « forme quatre chambres basses. La première est « la chapelle ; la seconde le réfectoire, et dans ce « réfectoire sont nos chambres, deux petites pas-

« sables, de la grandeur d'un homme en quarré ;
« deux autres qui ont chacune sept à huit pieds,
« mais deux lits en chacune. Voilà pour six per-
« sonnes étroitement. Les autres, quand nous
« étions tous ensemble, couchaient au grenier ;
« la troisième sert de cuisine ; la quatrième de
« chambre à nos gens. Il y avait un bâtiment de
« même grandeur vis-à-vis, mais il a été à moitié
« brûlé par les Anglais. Il faut recouvrir la
« maison, car il pleut et neige partout. »

Voilà cependant, ajoute l'Américain Parckman,
le berceau des grandes missions du Canada !

C'est sous cet humble toit que le P. de Brébeuf,
dont les regards étaient toujours tournés du côté
des Hurons, attendait le premier convoi avec
lequel il espérait monter chez eux. Mais son zèle
ne restait pas oisif ; il s'occupait toujours de l'étude
des langues, et il faisait de fréquentes excursions
dans les environs. Pour peindre les admirables
sentiments de son âme, on a pu recueillir sur ses
lèvres quelques-unes de ces paroles, comme en
disent seulement les saints. Il avait eu le bonheur
de donner le baptême à un enfant algonquin qui
se mourait à quatre kilomètres de Québec. Quand
on lui apporta le lendemain la nouvelle que le ciel
comptait un ange de plus : « Je viendrais tout
exprès de France, s'écria-t-il dans un saint transport, pour gagner une de ces petites âmes à Notre-
Seigneur. » Son Père saint Ignace avait dit avant

lui : « N'eût-on, par tous les labeurs de la vie,
« empêché qu'un seul péché mortel, on devrait
« trouver sa peine assez payée. » La parole du fils
était digne de celle du Père.

Dans ses courses pendant l'hiver, le P. de Brébeuf eut à traverser plusieurs fois le fleuve. Ce
passage offre à cette époque une singularité qui est
propre au Canada, et qui s'est perpétuée jusqu'à
nos jours. Lorsque le pont de glace ne s'établit
pas entre les deux rives devant Québec, pour offrir
aux voyageurs un chemin sûr et facile, le fleuve
se couvre d'énormes glaçons, qui forment des îles
flottantes de cent et deux cents mètres de longueur.
Pour le traverser on s'embarque dans d'étroits
canots creusés dans un tronc d'arbre, mais quand
on rencontre des glaçons d'une trop grande
étendue, tout l'équipage saute sur la glace et
traîne le canot à la corde jusqu'à la rive voisine,
pour le lancer de nouveau à l'eau, et continuer sa
route en répétant s'il le faut plusieurs fois le
même manége.

Enfin l'arrivée des Hurons à Québec le 28 juillet,
vint réveiller toutes les espérances du P. de Brébeuf. Il les revit avec la joie d'un père qui retrouve des enfants dont il a été violemment et
longtemps séparé.

Jamais les Hurons n'étaient venus aussi nombreux à Québec même pendant la première occupation des Français. Leur flotille de cent quarante

canots portait près de sept cents hommes. Ils montraient pleins d'attachement et de confiance pour les Robes Noires et les Français. Ils voulaient renouer avec le gouverneur les bonnes relations rompues par la présence des Anglais qu'ils n'aimaient pas.

Le séjour à Québec de ces Hurons voyageurs n'était ordinairement que de cinq ou six jours. Le premier ils dressaient leurs cabanes d'écorces ; le second se passait à traiter avec les agents français; ils consacraient le troisième et le quatrième à l'échange de leurs pelleteries ; enfin le cinquième, les Français leur donnaient une fête, et le lendemain ils disparaissaient, ajoute le P. Le Jeune, comme une nuée d'oiseaux.

Dans le désir de resserrer les liens qui unissaient la colonie à ces sauvages, et pour assurer aux missionnaires qui iraient dans leur pays bon accueil et protection, Champlain voulut mettre beaucoup de pompe et de solennité dans la fête qu'il leur donna. Il les réunit dans un grand conseil. Les soixante capitaines qui le composaient, prirent place assis à terre pêle-mêle, selon leur usage, tandis que la jeunesse et les curieux se tenaient debout derrière eux.

Champlain vint s'asseoir devant eux, ayant à ses côtés le P. Le Jeune, supérieur de la mission, le P. de Brébeuf, et bon nombre de Français qui formaient l'escorte. Un capitaine huron ouvrit la scène par une harangue remarquable, mais un peu longue selon leur coutume. Il dit la joie de sa nation de revoir les Français au Canada, et Champlain à leur tête, et il exprima le désir qu'elle nourrissait de rester toujours leur alliée fidèle. Pour appuyer son discours, il jeta au milieu de l'assemblée trois paquets de robes de castor (1) en présent, et tous les sauvages, en marque d'assentiment, poussèrent leur triple *oh ! oh ! oh !* sorte d'exclamation énergique tirée du fond du gosier, et dont ils prolongent avec complaisance la dernière.

Champlain prenant à son tour la parole au nom du Roi, promit aux Hurons avec l'amitié de la France, ses services personnels et son propre dévouement. Puis leur montrant les missionnaires : « Ils désirent ardemment, leur dit-il, vous suivre « dans votre pays, et pour vous témoigner l'affec- « tion qu'ils vous portent, ils veulent vivre au « milieu de vous. Ce sont nos Pères ; nous les ai- « mons plus que nos enfants et plus que nous- « mêmes. Ils jouissent en France d'une grande « considération. Ce n'est ni la faim ni le besoin « qui les amènent dans ce pays. Ils ne recherchent « pas vos terres ni vos fourrures. Ils veulent vous « enseigner le chemin qui conduit au Maître de la « vie. Voilà pourquoi ils ont quitté leur pays,

---

(1) On appelait *robe* de castor la réunion d'une douzaine de peaux pour former un vêtement.

« leurs biens et leur famille. Si vous aimez les
« Français, comme vous dites, aimez ces Pères,
« honorez-les. »

L'attention redoubla quand on vit le P. de Brébeuf se lever et prendre la parole en huron :
« Nous voulons, leur dit-il, aller dans votre pays
« pour y vivre et y mourir. Vous serez nos frères,
« et dorénavant nous ferons partie de votre
« nation. » Pour prévenir les rivalités et les ja-
lousies dont les sauvages ne sont pas plus à l'abri
que les autres mortels, il ajouta : « Nous voudrions
« habiter tous vos villages, mais nous ne sommes
« pas assez nombreux. Un jour viendra, je l'es-
« père, où nos frères viendront à notre aide, et
« alors nous pourrons vous visiter tous, et vous
« apprendre à tous le chemin du bonheur. »

Les Hurons étaient émerveillés d'entendre la
Robe Noire parler si bien leur langue, et ils poussèrent avec enthousiasme leur cri d'approbation
accoutumé. Ils entouraient les missionnaires, leur
prenaient les mains en signe d'amitié, et se disaient entre eux : « Comme ils se ressemblent ! ce
sont vraiment des frères. » Le P. de Brébeuf était
surtout l'objet de l'attention et de la sympathie de
tous. Ils se disputaient déjà le bonheur de l'embarquer dans leur canot.

Un capitaine d'Ihonatiria qu'il connaissait, lui
dit avec confiance pour tâcher de le gagner :
« Ouvre-nous ton cœur. Dis-nous ce que tu veux.

« Veux-tu habiter dans nos cabanes ou en avoir
« une séparée ? Eh bien ! nous en ferons une, et
« nous irons dresser la nôtre auprès de la tienne,
« et tu nous protégeras. »

Le P. de Brébeuf voyait avec attendrissement
cette lutte dont il était l'enjeu. Il aurait voulu
pouvoir se diviser pour les contenter tous. Hélas !
des difficultés imprévues allaient surgir au dernier moment, et suspendre, comme nous le verrons, l'exécution de ses pieux projets.

Pour le moment, tout était à la joie et à l'espérance ; l'homme de Dieu prenait tous les moyens
et de manifester son affection aux Hurons, et de
les initier aux choses de la foi. Il les entraîna visiter la résidence de Notre-Dame des Anges.
C'était précisément le 30 juillet, veille de la fête
de saint Ignace. La petite chapelle avait revêtu ses
plus beaux ornements. Ils n'avaient jamais rien
vu de pareil, et tout les jetait dans l'admiration.
Chaque objet provoquait des questions sans
nombre, auxquelles le bon missionnaire avait souvent peine à satisfaire. Ils virent trois statues de
la sainte Vierge, ce qui les surprit plus que tout le
reste, et faillit mettre le P. de Brébeuf dans l'embarras. Aux trois questions qu'ils lui firent, il répondit : « C'est la mère de celui qui a tout créé. »
Ces grands enfants se mirent à rire, se disant
entre eux : « Comment a-t-il pu avoir trois
mères ? » Ce ne fut pas chose aisée que de leur

faire comprendre que trois images pouvaient re-
présenter le même personnage. A chaque explication ils portaient la main à leurs lèvres et les
frappaient en signe d'admiration.

La colombe, image du Saint-Esprit, déployant
ses ailes au-dessus de l'autel, et entourée de rayons,
attira beaucoup leurs regards. « N'est-ce pas le
« tonnerre, s'écrièrent-ils ? » Le tonnerre, selon
eux, n'est autre chose qu'un oiseau terrible qui
passe d'un lieu à un autre en se cachant. Le P. de
Brébeuf les rassura sans essayer d'expliquer le
mystérieux symbole d'une vérité si au-dessus de
leur portée. Un tableau de l'enfer servit mieux son
plan. Comme ils le regardaient avec une grande
curiosité, il leur peignit le sort affreux qui attendait les coupables dans l'autre vie. Ces paroles
leur inspirèrent une vive crainte, et ils lui demandèrent aussitôt : « Mais qu'est-ce qu'il faut faire
pour ne pas tomber dans ce feu ? » — Il faut, leur
répondit leur guide, croire au grand Esprit, et
faire la prière des Français. — « Viens donc avec
nous, continuèrent-ils, et nous ferons tout ce que
tu voudras. »

Cette demande allait au cœur du serviteur de
Dieu qui n'avait pas de vœu plus ardent ; puis il
ajouta : « Vous êtes ici dans le lieu sacré où les
« Français se réunissent pour prier le Grand
« Esprit. Mettez-vous comme eux à genoux pour
« lui adresser aussi votre prière. »

5.

A ces mots, ils s'accroupirent à leur manière, car ils ne savaient pas ce que c'était que de s'agenouiller. Leur prière ne fut pas longue : « Qu'as-tu dit au Grand Esprit? demanda le P. de Brébeuf à l'un d'eux. — Continue à nous faire du bien et donne-nous un bon voyage. »

Le serviteur de Dieu bénissait le Seigneur de tout ce qui venait de se passer, car il lui semblait que tous ces faits étaient pleins de promesses pour l'avenir.

Cependant, malgré ces heureuses dispositions, le fond du caractère huron n'avait pas encore subi cette transformation, qui devait être le fruit du christianisme. Les mœurs des sauvages restaient toujours tout entières, et ils en donnèrent plus d'une preuve pendant leur séjour à Québec. Ils étaient renommés pour leur penchant ou plutôt leur art à voler. Le P. Le Jeune en fait ce tableau. « Qui dit Huron, écrit-il dans la Relation de 1633, « dit larron. Je ne crois pas qu'il y ait sous le ciel « une nation plus portée au larcin. Il faut tou- « jours avoir les yeux sur leurs pieds comme sur « leurs mains ; car ils volent aussi bien avec les « uns qu'avec les autres. J'en vis un qui avait « jeté les yeux sur un outil de menuiserie. La « pensée me vint qu'il voulait s'en saisir, et je le « surveillai tant que je pus. Mais il fut plus habile « à prendre que moi à regarder. Voyant la place « vide, je me doutai de ce qu'il en était. Le P. de

« Brébeuf alla trouver mon homme qui voulut
« d'abord nier le fait, mais il fut forcé de l'avouer,
« et il rendit son larcin en riant, tant il était con-
« tent de son tour. »

Ils mettaient même leur gloire à voler avec
adresse ; c'était une grande marque d'esprit à
leurs yeux que de prendre sans être découvert.
« Un Français, ajoute le P. Le Jeune, en fit
« l'épreuve à ses dépens. Il se moquait un jour de
« leur adresse à escamoter, et il se faisait fort de
« ne pas être leur dupe. Quelques sauvages étant
« allés peu après le visiter, il leur offrit des rafraî-
« chissements. Malgré toute son attention, ils lui
« enlevèrent la tasse dont ils s'étaient servis, et
« quand il s'en aperçut, ils étaient déjà loin. »

Cependant l'époque du départ des Hurons approchait. Champlain invita les voyageurs le 3 août
au grand festin d'adieu. Le menu d'un repas
donné à des sauvages était copieux : nous n'avons
pas le détail de celui-ci, mais la description d'un
autre festin qu'en pareille circonstance Champlain
offrit à une troupe de sauvages beaucoup moins
nombreuse peut en donner une idée. Nous la
devons au F. Sagard, dont le nom est déjà connu
du lecteur : « On avait chassé pendant trois jours
« pour le garnir. Il y avait cinquante-six outardes,
« trente canards, vingt sarcelles et quantité
« d'autres gibiers. Les Messieurs de la traite don-
« nèrent deux barils de pois, un de galette, quinze

« à vingt livres de pruneaux, six corbeilles de blé
« d'Inde. Tout cela fut mis ensemble dans la
« grande chaudière de la brasserie. On se servit
« des rateaux du jardin pour fourchettes, et d'un
« seau attaché au bout d'une perche, pour prendre
« le bouillon. »

La dernière assemblée des capitaines fut remise
au lendemain. Champlain voulait y régler tout ce
qui regardait le départ des missionnaires, et faire
ses derniers présents aux sauvages, qui ne donnent
jamais que pour recevoir.

La séance touchait à sa fin, quand un incident
soulevé tout à coup fit tout manquer en un moment. Un capitaine huron prit la parole pour demander au gouverneur la délivrance d'un sauvage,
détenu en prison pour avoir assassiné un Français.
C'était le cinquième meurtre commis sans avoir
été puni. Champlain en fit la remarque, et déclara
que la justice suivrait son cours.

Le solliciteur se tut ; mais dans son cœur aigri
par ce refus, il médita en secret de sinistres
desseins.

L'assemblée se termina en apparence au milieu
des témoignages d'une amitié réciproque et des
plus douces espérances. Tout était prêt pour le
départ. Pour mettre fin aux discussions et aux
rivalités pour le choix de la résidence des missionnaires, le P. de Brébeuf avait renvoyé la solution
de l'affaire à Champlain, comme au grand capi-

taine des Français. Celui-ci trancha la question en faveur du village d'Ossossane qui par sa position sur les bords du lac, sa population, son importance et sa défense naturelle offrait de grands avantages. Il exigeait même que les missionnaires ne se séparassent pas.

« J'envoie, leur dit-il, avec les Pères deux petits
« garçons et un jeune homme pour les servir.
« S'ils étaient séparés, ces Français auraient
« peut-être des querelles avec vos gens. Qui est-ce
« qui les retiendra ? Qui est-ce qui les empêchera
« de courir où ils voudront ? Où les trouver quand
« on aura besoin d'eux ? Mais ayez patience, vous
« aurez bientôt des Français dans tous vos vil-
« lages. »

Cette parole d'autorité trancha la difficulté, et fut accueillie avec le cri d'approbation ordinaire. Il y eut une aimable rivalité entre les capitaines, quand il fallut choisir les canots qui porteraient les missionnaires, mais, par honneur, on dut faire droit aux capitaines des trois plus grands villages.

Le P. de Brébeuf fit immédiatement porter les bagages dans les canots, et il paya en même temps une partie des frais du voyage. Les Pères Daniel et Davost, qui devaient le suivre dans cette mission, vinrent avec lui passer la nuit dans le magasin des marchands, près les tentes des sauvages, afin d'être prêts à s'embarquer avec eux de très-grand matin.

Vers onze heures de la nuit, le 4 août, on entend tout à coup des cris effrayants, qui réveillent tout le monde et jettent l'alarme dans le camp huron. Ils étaient poussés par un sauvage surnommé le Borgne, capitaine de la nation de l'Ile, alliée de celle à laquelle appartenait l'assassin dont Champlain avait refusé la grâce. C'était à son instigation que le capitaine huron avait fait une démarche pour l'obtenir. Ce refus avait excité la colère du Borgne et provoqué sa vengeance. Il était facile de reconnaître qu'il était entraîné par un autre sentiment que celui de la compassion pour le coupable. Il aurait voulu monopoliser en faveur de sa nation située sur l'Ottawa, tout le commerce de ces contrées, et il trouvait un grand obstacle à son dessein dans l'amitié des Hurons et des Français, dont le départ des missionnaires allait encore resserrer les nœuds. Il venait donc de semer dans le camp huron le désordre et la terreur.

Éveillés en sursaut, les Hurons sont, en un instant, sur pied, et se groupent autour du capitaine mécontent. Celui-ci les menace des plus grands malheurs s'ils emmènent des Français ; et son éloquence, soutenue de son crédit, agit puissamment sur ces esprits ignorants et crédules.

De son côté, le P. de Brébeuf que le bruit avait éveillé, court avertir Champlain du coup soudain qui mettait son projet en péril. Le gouverneur envoya aussitôt son interprète annoncer aux sauvages qu'il avait besoin de voir le lendemain les capitaines avant leur départ.

Dans cette réunion, Champlain pressa inutilement le capitaine de la nation de l'Ile d'expliquer sa conduite. En homme habile, celui-ci avait pris ses mesures et préparé ses armes. « La nation du « meurtrier, lui dit-il, avec un calme affecté, « cherchera à venger sa mort, et ne trouvant pas « d'autres victimes, elle donnera la mort aux « Robes Noires. Si les Hurons ne les défendent « pas, les Français leur imputeront ce crime. « S'ils les défendent, toutes les nations algon- « quines lèveront la hache pour leur faire la « guerre et le pays sera en feu. La rivière sera « ainsi fermée, et tout commerce détruit. »

Ces paroles perfides entraînèrent les Hurons, qui redoutaient cette nation, parce qu'il fallait nécessairement passer devant son rivage, en descendant la rivière Ottawa. Champlain essaya, mais en vain, de les désabuser. Prières, présents, menaces, tout échoua. Il donna en secret au P. de Brébeuf le moyen d'intervenir. Celui-ci parut comme adopter la cause des sauvages. Sans demander la grâce du meurtrier, il proposa publiquement au gouverneur de surseoir à son exécution en attendant le recours en grâce auprès du Roi. Cette demi-mesure fut sans succès. Le fier capitaine ne voulait rien entendre ; il fallut renoncer à le vaincre.

Dans ces perplexités, le P. de Brébeuf et ses compagnons auraient cependant consenti à affronter tous les dangers, et à partir quand même : mais la prudence les retint. « Malgré cette sépa- « ration, dit le P. de Brébeuf aux Hurons, vous « serez toujours nos frères. Nous voulions aller « dans votre pays pour vivre et mourir au milieu « de vous. Mais puisque « la rivière est bouchée, » « nous attendrons à l'année prochaine. C'est vous « qui y perdrez le plus. »

Quelques Hurons du bourg d'Ossossane, qui étaient restés très-dévoués aux missionnaires, s'étaient offerts à tout braver pour les emmener avec eux, et on les vit profondément attristés, quand il fallut débarquer leurs bagages. Le P. de Brébeuf ne put que leur donner quelques paroles de consolation et d'espérance, et la flottille avait disparu que ses regards la cherchaient et que sa main la bénissait encore. Il attendit avec résigna- tion, dans d'autres travaux, que l'heure, marquée par la Providence pour aller les rejoindre, sonnât enfin pour lui.

VII

*Étude de l*ª *langue des Hurons. — Le P. de Brébeuf, supérieur par intérim. — Départ pour le pays des Hurons.*

Deux sortes d'œuvres se partageaient à Québec
le temps du P. de Brébeuf : l'enseignement de la
langue huronne qu'il apprenait à ses frères et le
saint ministère. Il donnait ses soins aux colons
français, mais son cœur l'inclinait à consacrer de
préférence son zèle aux sauvages qui venaient visiter les Français. Plus d'une fois ses services
auprès d'eux furent marqués par des faits qui tenaient du prodige, comme si Notre-Seigneur, qui
l'avait destiné à être leur apôtre, voulait lui témoigner qu'il agréait cette prédilection.

Un jour, il est appelé auprès d'un jeune sauvage,
nommé Sasoumat. Ce jeune homme avait exprimé autrefois le désir de se faire chrétien ; mais
le missionnaire le trouva sans connaissance et en
péril de mort. Il promit à saint Joseph, en qui il
avait une grande confiance, de dire le lendemain

la messe en son honneur, si le malade revenait à lui. En ce moment, une crise survint. Le P. de Brébeuf la crut la dernière, et il se hâta de lui conférer le baptême. Peu après, le néophyte reprit ses sens, non plus pour renouveler la demande du baptême, mais pour exprimer sa joie de l'avoir reçu. Il ne cessa, pendant les deux jours qu'il vécut encore, de bénir Dieu de lui avoir accordé cette faveur. Il était plein de foi et d'espérance ; et son seul regret en quittant la vie était d'avoir tant offensé Dieu. Il mourut comme un prédestiné. En quelques heures, l'action de la grâce, si puissante quand elle trouve un cœur bien disposé, avait fait d'un infidèle un élu. On raconte qu'au moment où son âme s'envola au ciel, une flamme brillante parut au-dessus de sa cabane. Le P. Le Jeune qui se trouvait alors dans les forêts à une distance de cent cinquante kilomètres, affirme avoir été témoin du même prodige.

On était encore sous l'heureuse impression de ce fait, quand la colonie fut terrifiée par l'horrible mort d'une femme sauvage qui avait résisté à tous les efforts du zèle du P. de Brébeuf. Depuis longtemps, l'homme de Dieu l'exhortait à renoncer à son idolâtrie. Mais cette malheureuse persistait à refuser, ou même ne lui répondait que par des injures. Le Ciel la frappa d'une maladie affreuse qui la rendait, même pour les siens, un objet d'horreur. Ne pouvant supporter l'infection qu'exhalaient ses plaies, ils la jetèrent hors de leur cabane, malgré toute la rigueur de l'hiver à cette époque, et elle mourut autant du froid que de la maladie, au milieu des angoisses du désespoir. Elle appelait à grands cris, mais en vain, le secours de la Robe Noire, que personne ne voulut aller chercher. Tous virent dans cette mort affreuse une malédiction du Ciel, irrité de tant de résistance.

Une autre mort moins horrible, mais plus violente, vint ajouter encore au prestige que ces faits donnaient au saint missionnaire. A Québec vivait un jeune sauvage que le P. de Brébeuf voyait souvent, et à qui il avait essayé, mais en vain, d'inspirer des sentiments chrétiens. Le jeune païen s'obstinait dans son aveuglement, et il ajoutait même quelquefois le blasphème à ses résistances. Un jour que le P. de Brébeuf avait été plus pressant que jamais : « Tu nous contes, lui dit-il avec « une ironie sacrilége, que ton Dieu est le maître « des hommes. Eh ! bien, qu'il m'empêche, s'il le « peut, de prendre des castors et des orignaux (1) !» Il paya cher ce défi sacrilége. Le Dieu du P. de Brébeuf lui apprit bientôt qu'il était son maître. Non seulement il ne prit plus ni castors ni orignaux, mais étant tombé malade au bout de quelques jours, comme il blasphémait encore, un sauvage, dans la cabane duquel il voulait entrer, lui asséna un coup de hache qui l'étendit mort.

(1) L'orignal a les mêmes caractères que l'élan d'Europe.

C'est ainsi que l'admiration ou la terreur qui s'attachait quelquefois aux œuvres du saint missionnaire, le grandissait aux yeux des sauvages et de toute la colonie.

Sur ces entrefaites le P. Le Jeune, qui gouvernait la mission, depuis son arrivée de France, désireux de se perfectionner dans la langue algonquine, résolut de faire ce qu'avait déjà fait avec tant de succès le P. de Brébeuf. Il partit avec quelques familles sauvages pour la chasse d'hiver, et mena avec eux pendant six mois la vie pénible que nous connaissons. Il lui fallait un remplaçant pendant son absence. Personne ne lui parut plus propre à cet emploi que le P. de Brébeuf, et il le nomma à sa place. C'était une sollicitude que celui-ci ne connaissait pas encore : mais il ne fut pas au-dessus de sa tâche. Il gouverna ses frères avec le zèle et la prudence qu'il employait à diriger les âmes. Admirable modèle de perfection, il portait les autres aux vertus religieuses par ses exemples, et sa charité lui gagnait tous les cœurs. Aussi quand à son retour le P. Le Jeune reprit sa charge, il donna à son Provincial ce beau témoignage en faveur de son remplaçant : « C'est un homme choisi « de Dieu pour ce pays. Je l'ai laissé à ma place « six mois durant, et tout a procédé toujours dans « la paix. »

Tels furent les travaux dans lesquels se passa, pour le P. de Brébeuf, cette année d'attente. Elle touchait à son terme, et il allait voir enfin se réaliser ses désirs.

A l'époque des échanges, il monta au devant des Hurons jusqu'à Trois-rivières, (1) cent vingt kilomètres au-dessus de Québec. Il emmenait avec lui deux jeunes Français, et les deux Pères destinés à cette mission, le P. Daniel et le P. Davost.

Les Hurons ne tardèrent pas à paraître, mais en petit nombre. Ils n'avaient que sept canots, et paraissaient consternés. Que s'était-il donc passé ? La main de Dieu s'étendait sur cette nation, et il commençait au milieu d'elle à mener de front avec un ensemble qui n'appartient qu'à lui seul, deux œuvres qui semblent contraires, l'œuvre de l'édification et l'œuvre de la destruction. Tandis que la mission huronne va se fonder et se développer, le peuple huron subira tous les genres d'épreuves et de revers, et finira par disparaître en grande partie ; mais il se montrera d'autant plus chrétien que sa vie, comme nation sera plus ébranlée, et quand enfin il périra, il tombera régénéré dans le sang de Jésus-Christ ; en sorte que sa mort sera comme le couronnement de l'édifice de la foi.

Au moment où le P. de Brébeuf allait jeter les fondements de la première œuvre, car sa tentative

(1) Le nom de ce poste vient de la rivière voisine, ainsi appelée par les Français, parce qu'en se jetant dans le Saint-Laurent ses eaux sont divisées par deux îles, et coulent par trois embouchures. Son nom sauvage était *Métaberoutin,* aujourd'hui *rivière Saint-Maurice.*

précédente n'avait été qu'un essai et comme une prise de possession, les Iroquois, instruments aveugles de la Providence, ouvraient la seconde. Cinq cents guerriers hurons qui descendaient à Québec pour les échanges, étaient tombés dans une de leurs embuscades. Deux cents avaient péri, et cent d'entre eux avaient été faits prisonniers. Le reste s'était dispersé, et une partie venait se réfugier dans la colonie.

Dans leur profonde douleur, les Hurons firent un accueil très-amical au P. de Brébeuf, et on pouvait espérer qu'il obtiendrait de monter avec eux ; mais l'ennemi de tout bien suscita encore un obstacle imprévu.

Un capitaine Nipissirien, nommé la Perdrix, qui se trouvait alors à Trois-Rivières, travailla si bien l'esprit des Hurons qu'il leur inspira des défiances et des craintes sur le projet des missionnaires. Quand le P. de Brébeuf voulut traiter avec eux du départ, ces sauvages timides et inconstants s'excusèrent sur leur petit nombre, le danger du voyage, l'exiguité de leurs canots : « Encore si « vous étiez armés, ajoutaient-ils, si vous pouviez « nous protéger contre nos ennemis. Mais que « ferions-nous de ces longues robes qui ne portent « pas d'arquebuses ? »

Les missionnaires n'en persistaient pas moins à solliciter leur passage. En même temps, le P. de Brébeuf travaillait à intéresser le Ciel en sa fa-

veur. Il avait eu recours à saint Joseph, et avait
promis de célébrer vingt messes en son honneur.
Sa prière ne fut pas vaine. Champlain députa à
Trois-Rivières, Duplessis-Rochard, le commandant
de la flotte, pour presser le départ des missionnaires : et ce ne fut pas sans succès ; toutefois il
dut ajouter à toutes ses raisons, la plus forte de
toutes pour des sauvages, celle des présents. Ce
pendant malgré ses efforts, le commandant n'obtint le passage que pour le P. de Brébeuf, le
P. Daniel et un des jeunes Français, nommé
Baron. Les autres voyageurs durent attendre
une autre occasion qui heureusement ne tarda
pas. »

Enfin l'embarquement « si balloté, » comme l'ex-
prime le serviteur de Dieu, s'opéra le 6 juillet.
Le P. de Brébeuf fut reçu seul dans un des canots,
et le P. Daniel et le Français dans un autre.

Ils partirent en bénissant Dieu. Le voyage fut
long et pénible. Il nous a fallu, écrit-il, commencer
« tous par ces expériences, et porter la croix que
« Notre-Seigneur nous présente pour son honneur
« et pour le salut de ces pauvres barbares. Certes,
« je me suis trouvé quelquefois si bas que le corps
« n'en pouvait plus ; mais d'ailleurs mon âme
« ressentait de très-grands contentements, consi-
« dérant que je souffrais pour Dieu. Nul ne le sait
« s'il ne l'expérimente. »

Puis il ajoute avec reconnaissance : « Parmi ces

« peines et ces dangers nous avons de grandes
«obligations à la Providence et bonté paternelle de
« Notre-Seigneur: Pas un de nous n'a été malade.
« Notre-Seigneur soit loué à jamais, et la très-im-
« maculée Vierge, avec son très chaste époux, de
« cettesingulière faveur qui nous a beaucoup aidés
« pour autoriser notre foi parmi ces peuples. »

Après trente jours de fatigues les missionnaires
abordèrent, le 5 août, au pays des Hurons, sous
les auspices de Notre-Dame des Anges, dont l'Église
fait la fête en ce jour-là.

Le P. de Brébeuf débarqua avec ses compagnons
près d'Ihonatiria, dont le nouveau village était
situé à près de trois kilomètres. On aurait dit qu'il
n'entrait dans cette contrée que pour « endurer»,
ainsi qu'il parle. Pressés sans doute de retourner
à leur village à vingt-huit kilomètres de là, ses
conducteurs ne tinrent aucun compte de ses instances, et l'abandonnèrent seul le soir sur ce rivage désert. Sans se laisser troubler par cet embarras, sa première pensée fut un acte de reconnaissance pour Dieu et de confiance en sa bonté.

« Après leur départ, écrit-il, je me prosternai
« aussitôt à genoux pour remercier, Notre-Dame
« et saint Joseph des faveurs et des grâces que
« j'avais reçues dans le voyage. Je saluai l'Ange
« tutélaire du pays, et m'offris à Notre-Seigneur,
« avec tous nos petits travaux, pour le salut de ces
« pauvres peuples, prenant espérance que Dieu

« ne m'abandonnerait pas là, puisqu'il m'avait
« jusque-là conservé et conduit avec tant de fa-
« veurs. »

Fortifié par cette prière, il se relève pour aller
à la recherche du village. Il finit par trouver la
place du gîte qu'il avait occupé, mais il avait été
complétement détruit. Il s'arrêta, un instant, au
lieu où s'élevait sa petite cabane. Puis reprenant
sa marche, il rencontra le nouveau village à une
petite distance. Sa joie fut grande, quand il y entra
et il fut sensiblement touché de la réception em-
pressée qu'on lui fit.

Aussitôt qu'il fut reconnu, les sauvages l'entou-
rèrent en l'appelant par son nom, et en lui criant:
« Te voilà donc, Echon, mon neveu, mon frère,
« mon cousin ! Te voilà donc revenu ! Nous t'atten-
« dions depuis si longtemps! Nous voilà contents;
« nos blés ne mourront plus, tu les protégeras. »

Tous auraient voulu l'abriter sous leur toit, et
telle était en effet la loi de l'hospitalité parmi eux,
qu'il pouvait choisir la cabane qu'il voulait. Il
préféra se retirer chez Aoenon dont il connaissait
la richesse, et que sa présence ne pouvait pas
gêner. C'est là qu'il attendit ses compagnons de
mission, partis peu de temps après lui.

Quand ils furent arrivés, il délibéra avec eux
sur le lieu qu'ils choisiraient pour résidence, et
ils se décidèrent pour Ihonatiria. « Après avoir
« sérieusement recommandé l'affaire à Dieu,

« raconte le P. de Brébeuf, nous jugeâmes que
« telle était sa volonté, parce que la moisson y pa-
« raissait plus mûre que partout ailleurs, tant à
« cause des connaissances que j'ai parmi les habi-
« tants du lieu et de l'affection qu'ils m'ont témoi-
« gnée autrefois, que parce qu'ils sont déjà à demi
« instruits dans la foi. En effet nous en avons
« baptisé huit, dont sept sont allés au Ciel avec
« la grâce du baptême, et tout le village est en
« telle disposition qu'il ne tient qu'à nous de le
« baptiser, mais nous attendons qu'ils soient
« mieux instruits et qu'ils aient quitté, par effet,
« leurs principales superstitions. »

Le lieu de la résidence arrêté, il fallait construire la cabane pour les missionnaires. Les sauvages s'en chargèrent, et se mirent aussitôt à
l'œuvre, à l'envi. Ils en firent une pareille aux
leurs, et voici la description que nous a donnée de
ces habitations le P. de Brébeuf lui-même :
« Je ne saurais mieux expliquer la façon des
« demeures huronnes qu'en les comparant à des
« berceaux ou tonnelles de jardin, dont au lieu de
« branches et de verdure quelques-unes sont cou-
« vertes d'écorce de cèdres, quelques autres de
« grosses écorces de fresne, d'orme, de sapin ou
« de prusse. Il y en a de différentes grandeurs, les
« unes de deux brasses en longueur, d'autres de
« dix, d'autres de vingt, de trente, de quarante.
« La largeur ordinaire est d'environ quatre

« brasses. La hauteur est presque pareille. Il n'y a
« point d'étages. Il ne s'y voit ni cave, ni cham-
« bre, ni grenier. Pour fenêtre et pour cheminée,
« on laisse un méchant trou au haut de la cabane
« par où s'échappe la fumée. »

Telle était donc la cabane des missionnaires.
Elle mesurait douze mètres de long sur sept de
large: « Voilà, ajoute le P. de Brébeuf, comme
« nous sommes logés, non sans doute si bien
« que nous n'ayons, dedans ce logis, assez
« bonne part à la pluie, à la neige et au froid. »

Il dirigea lui-même la distribution intérieure.
Elle formait trois parties : la dernière au fond,
comme la plus retirée et aussi la plus digne, fut
donnée au Roi du Ciel. Sans la quitter jamais, il y
descendait encore, tous les matins, pendant le saint
sacrifice, apporter à ses ouvriers la force et l'espérance. La partie de devant était l'antichambre et
le dépôt. Celle du milieu servait à des usages
multiples. C'était, tour à tour, ou même à la fois ,la
cuisine, le réfectoire, la menuiserie, la chambre
d'exercices et le dortoir. Une étagère dressée, le
long des murs, portait les vêtements, et le pauvre
mobilier des missionnaires, avec leurs provisions.
Mais si dans ce réduit, les corps étaient à l'étroit,
les cœurs se trouvaient au large, dilatés qu'ils
étaient par leur amour pour Dieu et le désir
« d'endurer » quelque chose pour sa gloire.

Pour favoriser leur retraite et se mettre plus à

l'abri des importuns, les missionnaires placèrent deux portes de menuiserie à leur cabane, et elles faisaient l'admiration des sauvages. Ils venaient les voir par curiosité et ne se lassaient pas de les contempler. Les cabanes des sauvages n'étaient fermées que par une peau ou une écorce suspendue.

D'autres objets attiraient encore un plus grand nombre de visiteurs et excitaient bien davantage leur étonnement. « On vient nous visiter par « admiration, écrit le P. de Brébeuf, principale- « ment depuis que notre moulin et notre horloge « ont commencé à jouer. » Ils voulaient tous tourner le moulin et voir sortir la farine. L'hor- loge leur paraissait plus merveilleuse encore. Ils restaient des heures entières pour l'entendre « parler » comme ils disaient. Sa sonnerie était surtout pour eux un étrange mystère. Ne pouvant s'imaginer qu'elle marchât d'elle-même. Dès qu'elle se faisait entendre, ils regardaient de tous côtés, afin de découvrir la voix trompeuse qui parlait pour elle.

Un jeune Français au service des Pères s'amu- sait de leur ignorance, au moment où l'heure approchait, il commandait à l'horloge de sonner, et au dernier coup il lui criait: « C'est assez, » comme si quelqu'un était là pour lui obéir. Les sauvages le croyaient. Ils demandèrent, au com- mencement, ce qu'elle disait, et un malin leur répondit ce qu'ils avaient très-bien retenu: à midi,

elle dit : « Dressons la chaudière, c'est l'heure du
« repas. » A quatre heures : « Allez-vous en , c'est
« l'heure de la prière. » Ce fut un moyen ingé-
nieux de se débarrasser d'eux.

Ils venaient encore voir d'autres objets, qui ne
les surprenaient pas moins, un fer d'aimant, un
microscope, un kaléidoscope, un prisme, des outils
de menuiserie et surtout tout ce qui servait à
l'écriture. L'écriture était pour eux un mystère
profond. Ils ne pouvaient rien comprendre à cette
communication à distance par des signes, et leur
stupéfaction était au comble, quand à la lecture
d'une lettre, les missionnaires leur donnaient de
suite toute la pensée de son auteur. C'était une des
expériences qu'ils aimaient souvent à redemander.

Tels étaient les grands enfants qu'il fallait initier aux mystères de la religion chrétienne, rude
tâche qui allait coûter à leurs maîtres bien des
peines et des fatigues, et qui devait trouver de
grandes difficultés non-seulement dans la grossièreté de leur esprit, mais encore dans l'obstination
de leurs cœurs.

VIII

Nous avons vu que le P. de Brébeuf était devenu maître dans la langue huronne. Ses deux compagnons le P. Daniel et le P. Davost avaient déjà profité de ses premières leçons à Notre-Dame des Anges. Ils en reçurent ici de nouvelles pour se perfectionner, et ce ne fut pas sans succès. Leur maître écrivait peu de temps après à son Général : « Si grande est l'ardeur qu'ils mettent à cette « étude, qu'ils ont fait des progrès vraiment « remarquables, dans une langue à peine connue, « et qui n'est pas encore réduite en principes. »

Toutefois son zèle à communiquer sa science à ses frères n'entravait pas son ministère auprès des sauvages. Il se trouva d'abord très-restreint pour son cœur. Il se bornait en effet à les visiter, à s'entretenir avec eux, en un mot à les préparer peu à peu à recevoir la bonne nouvelle.

Une maladie épidémique qui survint, donna plus d'activité à son zèle. Il accourait au chevet des malades, surtout quand ils étaient en danger. Il les consolait, les soignait lui-même de ses mains, lorsqu'ils se laissaient approcher, et plus d'une fois, ses soins furent bénis, sinon toujours par la conversion, du moins par des dispositions meilleures et par des promesses d'avenir. Il était plus heureux auprès des enfants moribonds. Il en baptisait toujours quelques-uns, et si la mort les enlevait il était sûr d'une conquête pour le Ciel. Il a raconté lui-même avec une joie d'apôtre son premier baptême. Il le donna à une petite fille de quelques mois, qui devint presqu'aussitôt par sa mort un ange pour le Ciel. Il l'avait nommée *Joséphine,* pour accomplir un vœu qu'il avait fait, de donner ce nom béni à la première âme qu'il régénérerait, « en reconnaissance des grandes faveurs qu'il devait à saint Joseph. »

Si consolants que fussent ces heureux essais du zèle, le cœur de l'homme de Dieu n'était pas satisfait. Son apostolat n'avait encore trouvé à s'exercer que dans l'intimité et au foyer domestique ; il profita de toutes les occasions pour le rendre public et le faire connaître en pleine assemblée de la nation. On était alors à l'approche de l'hiver, et avant de partir pour la chasse, les sauvages, selon l'usage, délibèrent en commun sur les intérêts de leur pays.

Le P. de Brébeuf conçut alors le projet de convoquer aussi les sauvages à une assemblée, mais dans la petite chapelle des missionnaires, pour leur expliquer les motifs de sa présence dans leur pays, c’est-à-dire leur faire connaître le vrai Dieu et son Fils Jésus-Christ, sauveur universel de nos âmes. Il fut secondé par un capitaine de ses amis qui poussa le cri de convocation d’usage pour les assemblées, tandis que, lui-même, la clochette à la main, parcourait le village et invitait à venir l’entendre. Il eut bientôt des réunions régulières que soutenait la curiosité. La séance s’ouvrait par le chant du *Pater* que le P. Daniel avait mis en vers hurons et qu’il chantait avec les enfants. C’était pour eux quelque chose de bien nouveau.

Le P. de Brébeuf s’avançait ensuite gravement et d’un air pénétré, revêtu du surplus, et la birette sur la tête. Il développait alors quelqu’une des grandes vérités de l’Évangile. Pour piquer l’attention il prenait souvent la forme de dialogue. Il interrogeait sur ce qu’il avait expliqué, mais pour ménager l’amour-propre, il s’adressait surtout à la jeunesse, dont il excitait l’émulation par de petites récompenses.

Ces assemblées n’amenaient pas encore les conversions, mais elles les préparaient. Elles familiarisaient avec les Robes Noires et donnaient de l’autorité à leur parole.

Le crédit et l’autorité du P. de Brébeuf étaient

déjà tels que le consultaient les sauvages sur leurs propres affaires. Ils l'invitaient même à leurs grandes assemblées, et lui demandaient son avis dans les questions d'intérêt commun.

Au mois d'avril 1635, les Hurons de la tribu de l'Ours (1), la plus nombreuse parmi eux, appelèrent le missionnaire à leur assemblée. Quelques hommes de cette tribu venaient d'arriver de Québec et avaient rapporté les témoignages les plus flatteurs en faveur des missionnaires. Ils étaient même chargés des lettres de Champlain et du commandant Duplessis-Bochard pour l'homme de Dieu. Les sauvages étaient curieux de savoir ce qu'elles contenaient. Le P. de Brébeuf se prêta volontiers à leurs désirs, heureux de trouver une si belle occasion de donner une plus grande publicité à la foi.

Ces lettres firent connaître aux sauvages que le gouverneur français nommait l'homme de Dieu son représentant auprès d'eux, et le chargeait de resserrer, encore plus étroitement, les liens qui unissaient les Français à leur nation. C'était le grandir beaucoup à leurs yeux. Pendant qu'ils se félicitaient de voir Champlain tenir autant à leur amitié, ils regardaient avec un sentiment de res-

(1) Les trois tribus primitives des Hurons, étaient: 1º celle de l'*Ours* ou *Attigouantans*; 2º celle de *la Corde* ou *Attiguenons ghac*; et 3º celle de *la Roche* ou *Arendoronons*. Une quatrième tribu, les *Tohontaenrats* s'unit plus tard aux premières.

pect et de vénération celui qui en devenait le lien.

En apôtre qui n'oublie jamais son rôle, le P. de Brébeuf mit aussitôt ce nouveau degré de grandeur au service de son zèle. Il prit la parole et exposa hardiment les vérités de la religion, la nécessité de la foi, l'immortalité de l'âme, l'existence du paradis et de l'enfer; son discours fut applaudi. Puis, selon l'usage, il leur fit un présent de douze cents grains de porcelaines (1), « pour applanir, « ajoutait-il, le chemin du paradis. » Il obtint de belles promesses. Mais hélas ! elles ne furent pas tenues.

A la même époque le Ciel sembla faire cause commune avec les hommes, pour élever le P. de Brébeuf dans l'estime publique. Une grande sécheresse désola le pays, et le menaça de famine. Selon l'usage, les sauvages recoururent à leurs sorciers, qu'ils appelaient *Aridouane*, pour conjurer le péril. Toutes les jongleries furent vaines. Les capitaines d'Ihonatiria qui connaissaient mieux les missionnaires, au lieu de s'adresser aux sorciers, eurent recours au serviteur de Dieu à qui ils croyaient que rien n'était impossible. Il leur répondit qu'il n'y avait qu'un seul maître des saisons, celui qu'adorent les Français, le créateur du ciel, et de la terre

(1) Les porcelaines que les sauvages nommaient wampum, consistaient en fragments d'un coquillage du nom de *porcella*. Les grains de rassade, apportés par les Européens, remplacèrent le coquillage, mais gardèrent son nom.

et qu'il fallait l'invoquer. Les sauvages consentirent
à tout. On commença alors une neuvaine solennelle
de messes en l'honneur de saint Joseph, patron des
Hurons. Il y avait, chaque jour, une procession à
laquelle les sauvages prenaient part. Le neuvième
jour, la procession n'était pas terminée, qu'une pluie
bienfaisante tomba en abondance, et combla tous
les désirs.

Cette faveur céleste, venue si à point, ne conjura
pas seulement la famine, elle donna un nouvel
éclat à la réputation du P. de Brébeuf. Pour lui, il
en rapporta toute la gloire à Dieu . » A Dieu soit à
« jamais toute gloire, écrit-il à cette occasion ! Il
« permet la sécheresse des terres, pour arroser les
« cœurs de ses bénédictions. Pourtant s'il y avait
« ici quelqu'un doué du don des miracles, ainsi
« qu'étaient les premiers qui ont annoncé l'Évan-
« gile au monde, il convertirait à mon avis sans
« difficulté tous ces barbares. Mais Dieu départ
« telles faveurs, quand, à qui, et comment il lui
« plaît, et par aventure, veut-il que nous attendions
« la récolte des âmes avec patience et persévérance.

S'il est vrai que Dieu réclame ordinairement ces
deux qualités dans les instruments qu'il emploie,
il faut reconnaître qu'elles éclatèrent toujours en
lui. C'est sans doute ce qui lui mérita plus d'une
fois d'être assisté comme miraculeusement par
l'intervention céleste ; mais il n'attendait jamais le
succès que de Dieu. Les sueurs qu'il prodiguait

pour avancer la moisson désirée, n'étaient rien à ses yeux. Il fallait la rosée céleste pour la féconder. Il avait déjà mis son œuvre sous le haut patronage de saint Joseph. Il va lui donner une protection plus puissante encore en la consacrant à Marie immaculée.

L'initiative de ce projet ne venait pas de lui. Il avait été formé à Québec où les missionnaires avaient résolu de faire à la très-sainte. Vierge, le 8 décembre, sous son titre *d'Immaculée*, la consécration de toutes les missions du Canada. Cette pensée répondait bien à son zèle et à son affection filiale pour la Mère de Dieu. Ainsi le 8 décembre 1635, unis dans les mêmes vœux et le même amour avec leurs frères de Québec, les missionnaires des Hurons se prosternèrent aux pieds des autels dans l'humble chapelle d'Ihonatiria, et le P. de Brébeuf prononça à haute voix l'acte solennel qu'on va lire, monument de foi vive, de zèle et de piété :

« Mon Dieu et mon Sauveur Jésus, quoique nos
« péchés nous doivent éloigner de votre présence,
« si, en ce qu'épris d'une affection de vous honorer
« et votre sainte Mère, poussés du désir de nous voir
« dans la fidèle correspondance que vous désirez
« de nos serviteurs, souhaitant en outre de vous
« voir reconnu et adoré de ces pauvres peuples,
« nous vous promettons et faisons vœu, comme
« aussi à la très-sainte Vierge et à son glorieux
« époux saint Joseph, de célébrer douze fois et

« douze mois suivants, le sacrifice de la messe,
« pour ceux qui sont prêtres, et pour les autres,
« de réciter douze fois la couronne ou le chapelet
« de la Vierge en l'honneur et action de grâce de son
« Immaculée Conception, et de jeûner tous la veille
« de cette fête, vous promettant en outre que, si
« on érige quelque église ou chapelle stable dans
« ces pays dans le cours de ce temps limité, nous
« la ferons dédier à Dieu sous le titre de l'Imma-
« culée Conception, si cela est en notre pouvoir, le
« tout pour obtenir de la bonté de Notre-Seigneur,
« la conversion de ces peuples, par l'entremise de
« sa sainte Mère et de son saint époux. Recevez ce-
« pendant, ô l'Empérière des anges et des hommes,
« les cœurs de ces pauvres barbares abandonnés,
« que nous vous présentons par les mains de votre
« glorieux époux et de vos fidèles serviteurs, saint
« Ignace et saint François Xavier, et de tous les
« Anges gardiens de ces misérables contrées, pour
« les offrir à votre Fils, afin qu'il leur donne sa
« connaissance, et leur applique les mérites de son
« précieux sang. Ainsi soit-il. »

Tel fut l'acte important qui couronna l'année
1635. Elle avait été rude, et en apparence presque
stérile, si l'on considère le nombre des conversions, mais très-féconde, si l'on tient compte du travail qui s'était opéré : les Missionnaires établis,
connus et aimés, — la langue huronne apprise, —
le P. de Brébeuf devenu un homme important aux

yeux des sauvages, et appelé même dans leurs conseils, — les vérités de l'Evangile annoncées publiquement, et applaudies par les premiers capitaines
de la nation, — un village presque entier consen-
tant dans les nécessités publiques à ne pas recourir
à ses rites superstitieux, — chez un grand nombre
l'hostilité cédant à l'indifférence d'abord, et bientôt
à la bienveillance. La vieillesse, il est vrai, restait
presque inabordable ; l'âge mûr était plus accessible, quoique sans se rendre encore, et la jeunesse
et l'enfance montraient de la docilité aux leçons
des Missionnaires. Voilà comment cette année fut
vraiment abondante en fruits.

L'année suivante s'ouvrit par un projet heureusement conçu, et qui semblait destiné à avancer
puissamment l'œuvre de Dieu. Il fut formé par le
P. de Brébeuf en faveur des enfants, le plus grand
espoir de la mission. Ils avaient reçu les premiers
enseignements de la foi, car il était plus facile de les
réunir et ils étaient plus accessibles aux moyens
d'émulation. Mais ce qui faisait leur avantage devenait aussi leur malheur. Ils trouvaient au foyer
domestique de pernicieux exemples, qui effaçaient
les précieuses traces imprimées par la main des ouvriers du Seigneur. Comment combattre ces fu-
nestes influences ? Au milieu des Hurons, la chose
ne paraissait pas possible. Il vint alors au **P.** de
Brébeuf une pensée aussi hardie que sage. C'était
d'envoyer à Québec les enfants qui montraient les

plus heureuses dispositions, et là deux Pères les
formeraient, loin du contact des païens, à devenir
de fervents chrétiens, ou même de zélés catéchistes,
ou peut-être des apôtres de leurs frères.

Il s'agissait donc de fonder un séminaire huron
à Québec, et le P. de Brébeuf trouva dans ses Supérieurs une encourageante approbation, mais il
était facile de prévoir l'opposition qu'y apporte-
raient les parents. Loin d'affaiblir l'amour paternel,
la vie sauvage lui donnait plutôt une nouvelle
force, en développant davantage tous les instincts
de la nature. Il n'était pas possible d'aborder de
front la difficulté. En homme habile le P. de Brébeuf la tourna, et sut couvrir son projet tout religieux, du voile de la politique. Il montra aux sauvages l'éducation de leurs enfants à Québec,
comme le gage le plus ferme d'amitié avec la
France, et de prospérité pour leur commerce.

Il vint à bout de gagner douze familles, qui lui
promirent leurs enfants ; les négociations avaient
été longues. Le départ était fixé au 22 juillet. Les
canots étaient prêts, et n'attendaient plus que les
jeunes voyageurs. Les deux Missionnaires, le P.
Daniel et le P. Davost, qui devaient être leurs
guides dans le voyage avant de devenir leurs
maîtres à Québec, étaient à leur poste. Tout semblait annoncer un succès complet, mais telle est
l'inconstance des sauvages, et surtout la puissance
de l'amour maternel, qu'il se passa sur le rivage

même une scène déchirante, qui devint fatale à la future école. Neuf mères ne purent se détacher de leurs enfants qu'elles couvraient de leurs baisers. Il leur semblait que s'en séparer c'était les perdre à jamais. Trois seulement consentirent à laisser partir les leurs. Ils furent les pierres fondamentales de cette œuvre heureusement conçue, et qui semblait pleine d'avenir, mais que des obstacles sans nombre, souvent indépendants de la volonté des hommes, vinrent entraver dans son développement.

Sur ces entrefaites le bruit d'une invasion iroquoise courut subitement dans le pays. L'attitude de cette nation, qui ne sut jamais se faire d'alliés et qui ne pouvait supporter de rivaux, était toujours menaçante, surtout depuis que les Hurons s'étaient déclarés publiquement les amis des Français. Leurs canots avaient paru, disait-on, sur les eaux du lac Huron, et ils semblaient se préparer à faire une descente pour surprendre quelque village.

L'alarme fut grande à Ihonatiria, et dans toute la contrée ; il fallut toute l'autorité et l'influence du P. de Brébeuf pour relever le courage des guerriers eux-mêmes. Il multiplia ses services en cette occasion pour leur montrer tout l'intérêt qu'il prenait à leur cause. Il leur inspira le recours à la prière pour se rendre le Ciel favorable, et en même temps il les dirigea dans leurs moyens de défense.

La chapelle des Missionnaires devenait un lieu de rendez-vous, où l'on faisait des prières publiques pour la cause commune.

L'homme de Dieu visita les principaux villages, s'aboucha avec les capitaines, et organisa la résistance. Il fit distribuer aux guerriers des pointes de fer pour armer leurs flèches, au lieu des pierres taillées dont ils se servaient auparavant. Sous sa direction, on restaura les enceintes de pieux, qui défendaient quelques villages. Il leur apprit à en construire de nouvelles, et au lieu de la forme circulaire, seule connue des sauvages, et si peu favorable pour surveiller les approches, il leur donna une forme polygonale, avec de petites tourelles aux angles en guise de bastions.

En même temps il promit aux capitaines de rester au milieu d'eux si l'ennemi paraissait, et d'envoyer au secours du premier poste qui serait attaqué, les quatre Français armés d'arquebuses, qui étaient au service de la mission.

Heureusement les Hurons en furent quittes pour un moment d'alerte. L'ennemi ne parut pas ou prit une autre direction. Le calme et la joie rentrèrent dans tous les cœurs. Les sauvages remerciaient le Dieu des Français de les avoir délivrés du danger, mais ils n'oublièrent pas surtout le P. de Brébeuf, qui avait tout fait pour les protéger. Leur admiration grandit avec leur amour.

IX

Préoccupé de l'avenir de cette mission huronne
qui était son œuvre, le P. de Brébeuf voulait lui assurer une existence féconde et durable. Il trouvait
trop réduit le nombre de ses ouvriers, et il en demandait avec instance à l'Europe. Plus d'une fois
il fait mention de ses désirs dans ses lettres au T.-
R. P. Général. Il lui écrivait en 1636 : « Le besoin de nombreux ouvriers se fait vivement sentir, non pas, il est vrai, pour moissonner, mais
pour semer. Ce qu'il faut leur demander avant
tout, c'est une douceur inaltérable, et une patience
à toute épreuve. Ce n'est ni par la force ni pa-
l'autorité, qu'on peut espérer de gagner nos sauvages. »

On voit que l'homme de Dieu tenait à la qualité
plus encore qu'au nombre des ouvriers. Dans cette
pensée et pour servir comme de direction à ceux

de ses frères qui aspiraient aux missions du Canada, il composa un mémoire que nous reprodui-
sons en grande partie. Il appartient en effet à
cette histoire, non-seulement parce qu'il fait mieux
connaître cette mission, ses travaux, ses souffrances,
ses dangers, ses moyens de succès et ses consolations, mais surtout parce qu'il révèle dans tout son
jour le caractère et la haute vertu du serviteur de
Dieu. En traçant les vertus et les dispositions qui
doivent caractériser le missionnaire huron, il a fait
sans s'en douter, son propre portrait. On y voit
non l'éclat de l'esprit ou de la parole, dont les vrais
apôtres n'ont pas besoin, mais quelque chose de
sage, de fort, de saint, — la droiture dans le jugement, — la prudence dans l'action, — le sens pratique des choses divines, qui met en garde contre
les écarts de l'imagination, — l'esprit de pauvreté
et de détachement, — un soin jaloux de la chasteté, — l'amour pour Notre-Seigneur, surtout le
désir de souffrir même avec joie, quelque chose
pour sa sainte cause, saint désir qui fut comme le
trait caractéristique du serviteur de Dieu.

Ce mémoire porte ce titre :

« Avertissement d'importance pour ceux qu'il
« plairait à Dieu d'appeler à la Nouvelle-France et
« principalement au pays des Hurons. »

« Nous avons appris que le salut de tant d'âmes
« innocentes, lavées, reblanchies dans le sang du
« Fils de Dieu, touche bien sensiblement le cœur

« de plusieurs, et y allume de nouveaux désirs de
« quitter l'ancienne France pour se transporter en
« la nouvelle. Dieu soit béni à jamais, qui nous
« fait paroître par là qu'il a enfin ouvert à ces
« peuples les entrailles de son infinie miséricorde.
« Je ne suis pas pour refroidir cette généreuse ré-
« solution : hélas ! ce sont ces cœurs selon le cœur
« de Dieu que nous attendons ; mais je désire seu-
« lement leur donner un mot d'avis. Il est vrai
« que *Fortis est ut mors dilectio ;* l'amour de Dieu
« a la force de faire ce que fait la mort, c'est-à-
« dire, de nous détacher entièrement des créatures
« et de nous-mêmes.

« Donc, afin que personne ne soit abusé en ce
« point, *Ostendam illi quanta hic oporteat pro*
« *nomine Jesu pati.* Il est vrai que les deux der-
« niers venus, les Pères Le Mercier et Pijart, n'ont
« pas eu tant de peines en leur voyage, en compa-
« raison de nous qui étions montés l'année précé-
« dente. Ils n'ont point ramé ; leurs gens n'ont
« point été malades comme les nôtres ; il ne leur a
« point fallu porter de pesantes charges. Nonobs-
« tant cela, pour facile que puisse être la traversée
« des sauvages, il y a toujours de quoi abattre
« bien fort un cœur, qui ne serait pas bien morti-
« fié. Il faut vous attendre à être trois ou quatre
« semaines, tout au moins, par les chemins ; de
« n'avoir pour compagnie que des personnes que
« vous n'avez jamais vues ; d'être dans un canot

« d'écorces, dans une posture assez incommode,
« sans avoir la liberté de vous tourner de côté et
« d'autre; en péril cinquante fois le jour de verser
« ou de briser sur les roches. Pendant le jour le
« soleil vous brûle; pendant la nuit vous êtes la
« proie des maringouins. Vous montez quelque-
« fois cinq à six sauts (1) dans un jour, et n'avez
« le soir, pour tout réconfort, qu'un peu de bled
« cuit avec de belle eau claire ; pour lit la terre et
« bien souvent des roches inégales et raboteuses,
« d'ordinaire point d'autre abri que les étoiles, et
« tout cela dans un silence perpétuel.

« Quand vous arriverez aux Hurons, vous trou-
« verez à la vérité des cœurs pleins de charité.
« Nous vous recevrons à bras ouverts, comme un
« ange du paradis; nous aurons toutes les bonnes
« volontés du monde de vous faire du bien; mais
« nous sommes quasi dans l'impossibilité de le
« faire. Nous vous recevrons dans une si chétive
« cabane que je n'en trouve quasi en France d'as-
« sez misérable pour pouvoir dire : « Voilà comme
« vous serez logés. » Tout fatigués et harassés que
« vous serez, nous ne pouvons vous donner qu'une
« pauvre natte, et tout au plus quelques peaux pour
« vous servir de lit, et de plus vous arriverez dans
« une saison où de misérables petites bestioles,
« que nous appelons ici *tawhac*, et *puces* en bon

____

(1) Chute d'eau.

7.

« français, vous empêcheront des nuits entières de
« fermer l'œil; et ce petit martyre, sans parler
« des maringouins, mousquites et autres sem-
« blables engeances, dure d'ordinaire les trois ou
« quatre mois de l'été.

« Il faut faire état, pour grand maître et théolo-
« gien que vous avez été en France, d'être ici petit
« écolier, et encore, ô bon Dieu! de quels maîtres?
« Des femmes, de petits enfants, de tous les
« sauvages, et d'être exposés à leurs risées. La
« langue huronne sera votre saint Thomas et
« votre Aristote, et tout habile homme que vous
« êtes, et bien disant parmi des personnes doctes
« et capables, il vous faut résoudre d'être assez
« longtemps muet parmi des barbares. Ce sera
« beaucoup pour vous quand vous commencerez à
« bégayer, au bout de quelque temps. Et puis,
« comment penseriez-vous passer ici l'hiver, après
« avoir ouï tout ce qu'on endure hivernant avec
« les sauvages montagnais? Je puis dire que c'est
« à peu près la vie que nous menons ici, parmi les
« Hurons. Je le dis sans exagération: les cinq et
« six mois de l'hiver se passent dans ces incom-
« modités presque continuelles. Avec cela nous
« avons depuis le matin jusqu'au soir, notre foyer
« quasi tout assiégé des sauvages; surtout ils ne
« manquent guère à l'heure du repas: que s'il
« arrive que vous ayez quelque chose d'extraordi-
« naire, si peu que ce soit, il faut faire état que la

« plupart de ces Messieurs sont de la maison. Si
« vous ne leur en faites part, vous passerez pour
« un vilain....

« Au reste jusqu'à présent nous n'avons eu que
« des roses ; dorénavant que nous avons des chré-
« tiens quasi en tous les villages, il faut bien y
« faire des courses en quelque saison de l'année
« que ce soit, et y demeurer, selon les occurrences,
« des quinze jours ou des trois semaines entières,
« dans des incommodités qui ne se peuvent dire.
« Ajoutez à tout cela que notre vie ne tient qu'à
« un fil, et si, en quelque lieu du monde que nous
« soyons, nous devons attendre la mort à toute
« heure, et avoir toujours « notre âme entre nos
« mains », c'est particulièrement en ce pays ; car
« outre que notre cabane n'est que comme de
« paille, et que le feu y peut prendre à tout ins-
« tant, nonobstant le soin que vous y apportez
« pour détourner ces accidents, la malice des
« sauvages vous donne sujet de ce côté-là d'être
« dans des craintes perpétuelles. Un mécontent
« vous peut brûler ou fendre la tête à l'écart. Et
« puis vous êtes responsable de la stérilité ou fé-
« condité de la terre, sous peine de vie : vous êtes
« la cause des sécheresses ; si vous ne faites pas
« pleuvoir, on ne peut pas moins que se défaire
« de vous. Je n'ai que faire de parler du danger
« qu'il y a du côté des ennemis. C'est assez de
« dire que, le 13 de ce mois de juin, ils ont tué

« douze de nos Hurons près du village de Contarea
« qui n'est qu'à une journée de nous; que, peu de
« temps auparavant, à quatre lieues du nôtre, on
« découvrit dans les champs quelques Iroquois en
« embuscade, qui n'épiaient que l'occasion de faire
« un coup aux dépens de la vie de quelque pas-
« sant....

« Or, après tout, si nous étions ici pour les at-
« traits extérieurs de la piété, comme en France,
« encore seroit-ce une satisfaction. En France, la
« grande multitude et le bon exemple des chré-
« tiens, la célébrité des fêtes, la majesté des
« églises si bien parées, vous prêchent la piété ;
« et, dans nos maisons, la ferveur des nôtres, leur
« modestie et tant de belles vertus qui éclatent en
« toutes leurs actions, sont autant de voix puis-
« santes qui nous crient sans cesse : *Respice et fac*
« *similiter*, regardez et faites comme eux. Vous
« avez la consolation de célébrer tous les jours la
« sainte messe; en un mot, vous êtes quasi hors
« des dangers de tomber, ou au moins les chutes
« ne sont que toutes légères, et vous avez inconti-
« nent les secours en main. Ici nous n'avons rien,
« ce semble, qui porte au bien; nous sommes
« parmi des peuples qui s'étonnent quand vous leur
« parlez de Dieu et qui n'ont souvent que d'hor-
« ribles blasphèmes à la bouche; souvent il vous
« faudra vous priver du saint sacrifice de la messe,
« et quand vous aurez la commodité de la dire,

« un petit coin de votre cabane vous servira de
« chapelle, que la fumée, la neige ou la pluie vous
« empêchent d'orner et d'embellir, quand même
« vous auriez de quoi. Je laisse à part le peu de
« moyen qu'il y a de nous récolliger, parmi des
« barbares qui ne vous quittent presque point, et
« qui ne savent ce que c'est que de parler bas.
« Surtout je n'oserois parler du danger de se
« perdre parmi leurs impuretés, à qui n'a le cœur
« plein de Dieu pour rejeter fortement ce poison.
« En voilà bien assez ! le reste se conçoit en l'ex-
« périence.

« Mais quoi, me dira quelqu'un, n'y a-t-il que
« cela ? Tous ces travaux ne me semblent rien
« en comparaison de ce que je voudrois endurer
« pour Dieu. Si je savois un lieu où l'on souffrît
« encore davantage, je voudrois y aller.

« Ah ! qui que vous soyez à qui Dieu donne ces
« sentiments et ces lumières, venez, venez, mon
« cher Frère ; ce sont des ouvriers tels que vous
« que nous demandons ici ; c'est à des âmes sem-
« blables à la vôtre, que Dieu a destiné la conquête
« de tant d'autres âmes, que le diable tient encore
« maintenant en sa puissance. N'appréhendez au-
« cune difficulté, il n'y en aura point pour vous,
« puisque toute votre consolation est de vous voir
« crucifié avec le Fils de Dieu. Le silence vous sera
« doux, puisque vous avez appris à vous entretenir
« avec Dieu et à converser dans les Cieux, avec les

« Saints et les Anges. Les viandes seront bien insi-
« pides, si le fiel de Notre-Seigneur ne vous les
« rendait plus douces et plus savoureuses que les
« mets les plus délicieux du monde. Quel conten-
« tement d'aller par ces sauts, et de gravir sur les
« rochers, à celui qui a devant les yeux cet ai-
« mable Sauveur harassé de tourments, et montant
« le Calvaire, chargé de sa croix ! L'incommodité
« du canot est bien aisée à souffrir à qui le consi-
« dérera crucifié. Quelle consolation ! (car il faut
« que j'use de ces termes, autrement je ne vous
« ferois pas plaisir), quelle consolation donc de se
« voir, même par les chemins, abandonné des
« sauvages, languir de maladie ou mourir de faim
« dans les bois, et de pouvoir dire à Dieu : C'est
« pour faire votre sainte volonté que je suis réduit
« au point où vous me voyez! surtout considérant
« cet Homme-Dieu, qui expire en la croix et crie à
« son Père : *Deus, Deus meus, ut quid dereliquisti*
« *me* (1)? Mon Dieu, mon Dieu, pourquoi m'avez-
« vous abandonné? Que si parmi toutes ces in-
« commodités, Dieu vous conserve en santé, sans
« doute vous arriverez doucement au pays des
« Hurons dans ces saintes pensées : la navigation
« est agréable quand on est porté par la grâce de
« Dieu, *suaviter navigat, quem gratia Dei portat.*
    « Personne ne s'est plaint du mal de tête ou

(1) Saint Matt., XXVII, 48.

« d'estomac. Nous ne savons ce que c'est que
« fluxion, rhume, catarrhe; ce qui me fait dire
« que les délicats n'entendent rien en France à se
« défendre contre le froid. C'est un ennemi avec
« lequel on gagne quasi plus à lui tendre les bras,
« qu'à lui faire une si cruelle guerre. Pour le
« vivre, je dirai encore ceci: que Dieu nous a fait
« paroître à l'œil sa providence toute particulière;
« nous avons fait en huit jours notre provision de
« bled pour toute l'année, sans faire un seul pas
« hors de notre cabane. On nous apporte aussi du
« poisson sec en telle quantité, que nous sommes
« forcés d'en refuser, et de dire que nous en avons
« assez. Vous diriez que Dieu, voyant que nous ne
« sommes ici que pour son service, nous veut lui-
« même servir de pourvoyeur, afin que nous ne
« travaillions que pour lui. Cette même bonté ne
« laisse pas que de nous donner de temps en temps
« quelques rafraîchissements de poissons frais.
« Nous sommes sur le bord d'un grand lac, qui en
« fournit d'aussi bons que j'aie guères vus ou
« mangés en France. Il est vrai, comme je l'ai
« déjà dit, que nous n'en faisons point d'ordinaire,
« et encore moins de la chair, qui se voit ici plus
« rarement. Les fruits mêmes, selon la saison,
« pourvu que l'année soit un peu favorable, ne
« nous manquent point. Les fraises, les fram-
« boises, les mûres y sont en telle quantité qu'il
« n'est pas croyable. Nous y cueillons force raisins

« et assez bons. Les citrouilles nous durent quel-
« quefois quatre ou cinq mois, et en telle abon-
« dance qu'elles se donnent presque pour rien ; si
« bonnes, qu'étant cuites dans les cendres, elles
« se mangent comme on fait les pommes en France.
« Le seul bled du pays est une nourriture suffi-
« sante, quand on y est un peu habitué....

« Pour les dangers de l'âme, à parler nettement,
« il n'y en a point pour celui qui apporte au pays
« des Hurons la crainte et l'amour de Dieu. Au
« contraire, j'y trouve des avantages non pareils
« pour y acquérir la perfection. N'est-ce pas déjà
« beaucoup de n'avoir dans le vivre, le vêtir et le
« coucher, aucun attrait que la simple nécessité ?
« N'est-ce pas une belle occasion de s'unir à Dieu,
« quand il n'y a créature quelconque qui vous
« donne sujet de vous y attacher d'affection, quand
« les exercices que vous pratiquez vous obligent
« sans violence à la récollection intérieure ? Outre
« vos exercices spirituels vous n'avez point d'autre
« emploi que l'étude de la langue et la conversa-
« tion avec les sauvages. Ah ! qu'il y a de plaisir
« pour un cœur selon Dieu, de se faire petit écolier
« d'un sauvage et d'un petit enfant, pour les ga-
« gner par après à Dieu, et les rendre disciples de
« Notre-Seigneur ! Que Dieu se communique
« volontiers et libéralement à une âme, qui pratique
« pour son amour, ces actes héroïques d'humilité !
« Autant de mots qu'il apprend, autant de trésors

« il amasse, autant de dépouilles il enlève sur
« l'ennemi commun du genre humain ; de sorte
« qu'il aurait sujet de dire cent fois le jour:
« *Lætabor super eloquia tua, sicut qui invenit*
« *spolia multa* (1). « Je me réjouirai en votre parole
« comme celui qui a trouvé un grand butin. »
« Pour cette considération, les visites des sau-
« vages, quoique fréquentes, ne lui peuvent être
« importunes. Dieu lui apprend cette belle leçon,
« qu'il fit autrefois à sainte Catherine de Sienne,
« de lui faire un cabinet ou un temple de son
« cœur, où il ne manque jamais de se trouver,
« toutes et quantes fois qu'il s'y retire....
    « Il est certain que nous n'avons point ici cet
« appareil extérieur, qui réveille et entretient la
« dévotion. Nous n'y voyons proprement que le
« substantiel de notre religion, le saint Sacrement
« de l'autel, où il faut que notre foi ouvre les yeux
« sur ces merveilles sans y être aidée d'aucune
« marque sensible de sa grandeur, non plus que
« les Mages jadis dans l'étable. Mais il semble que,
« Dieu suppléant à ce qui nous manque, et,
« comme en récompense de la faveur qu'il nous a
« faite de nous transporter, pour ainsi dire, en
« deça de tant de mers, et de lui avoir trouvé place
« dans ces pauvres cabanes, nous veuille combler
« des mêmes bénédictions, parmi ces peuples infi-
« dèles, dont il a accoutumé de favoriser quelques

(1) Ps. XVIII.

« catholiques persécutés en pays hérétiques. Ces
« bonnes gens ne voient guères d'églises ni d'au-
« tels ; mais ce peu qu'ils en voient leur sert au
« double de ce qu'ils feraient en pleine liberté.
« Quelle consolation, à notre avis, de se proster-
« ner parfois devant une croix, au milieu de cette
« barbarie, de porter les yeux et pénétrer au mi-
« lieu de nos petites fonctions domestiques jusqu'au
« département que le Fils de Dieu a daigné prendre
« dans notre triste habitation ! N'est-ce pas être en
« Paradis nuit et jour, de n'être séparé de ce bien-
« aimé des Nations que de quelque écorce ou
« branche d'arbre ? *En ipse stat post parietem nos-*
« *tram* (1) ; *sub umbra illius quem desideraveram*
« *sedi* (2).   « Oui, il est là derrière notre muraille ;
« je me suis assis sous la protection de celui que
« j'avais désiré…. »

    « Seroit-il possible que nous missions notre
« confiance hors de Dieu, en une région où, du
« côté des hommes, toutes choses nous manquent ?
« Pourrions-nous souhaiter une plus belle occa-
« sion d'exercer la charité, que dans les âpretés et
« mésaises d'un monde nouveau, que pas un art
« ou industrie humaine n'a encore pourvu d'aucune
« commodité, et d'y vivre pour ramener à Dieu des
« hommes si peu hommes,' qu'il faut s'attendre
« journellement de mourir de leurs mains, si la

(1) Cant. I, 9.
(2) Cant. II, 3.

« fantaisie leur en prend, si un songe les y porte,
« si nous ne leur fermons et ne leur ouvrons le
« Ciel à discrétion, leur donnant la pluie et le
« beau temps à commandement? Ne nous font-ils
« pas responsables de ces dispositions de l'air? Et
« si Dieu ne nous inspire, ou que nous ne voulions
« pas coopérer à la foi des miracles, ne sommes-
« nous pas continuellement en danger, comme ils
« nous en ont menacés, de les voir courir sus à
« ceux qui n'auront point le don? Certes si celui
« qui est la vérité même ne l'avoit avancé qu'il
« n'y a pas de plus grande charité que de mourir
« par effet une fois pour ses amis je concevrois
« quelque chose d'égal ou de plus relevé à faire ce
« que disait l'Apôtre aux Corinthiens: « *Quotidiè*
« *morior per vestram gloriam, Fratres, quam*
« *habeo in Christo Jesu Domino Nostro* »; à traîner
« une vie assez pénible, dans des dangers assez
« fréquents et ordinaires d'une mort inopinée,
« que ceux-là vous procureront que vous préten-
« diez sauver. Je me remets parfois en mémoire
« ce qu'écrivoit jadis saint François Xavier au
« P. Simon, et souhaite qu'il plaise à Dieu de faire
« en sorte que pour le moins on puisse dire ou
« écrire un jour le même de nous, quoique nous
« n'en soyions pas dignes. Voici ses termes: « Il
« vient d'excellentes nouvelles des Moluques.
« Jean Beyra et ses compagnons sont dans de
« très-grandes épreuves et des dangers de mort

« continuels, pour le plus grand accroissement
« de la religion chrétienne. »

   Une chose, ce semble, aurait à donner ici de
« l'appréhension à un enfant de la Compagnie, de
« se voir au milieu d'un peuple brutal et sen-
« suel, dont l'exemple pourroit ternir l'éclat de
« la vertu la plus délicate entre toutes, pour qui
« n'en prendroit un soin particulier, c'est la chas-
« teté.

   « Oserois-je dire pour essuyer cette difficulté,
« que, s'il y a lieu au monde où cette vertu si
« précieuse soit en assurance pour un homme
« d'entre nous qui veut être sur ses gardes, c'est
« ici? *Nisi Dominus custodierit civitatem, frustrà*
« *vigilat qui custodit eam* (Si le Seigneur ne con-
« serve pas la cité, c'est en vain que veille celui
« qui la garde, Ps. CXXVI); *scivi quoniam aliter*
« *non possem esse continens nisi Deus det; et hoc*
« *ipsum erat sapientiæ, scire cujus esset hoc do-*
« *num* (J'ai su que je ne pouvais pas être chaste
« sans un don de Dieu. C'était déjà un acte de sa-
« gesse de reconnaître de qui venait ce don,
« Sap. VIII, 21)....

   « Vous souvient-il de cette herbe nommée la
« crainte de Dieu, dont on disoit au commence-
« ment de notre Compagnie, que nos Pères char-
« moient l'esprit d'impureté? Elle ne croît pas
« dans la terre des Hurons; mais il en tombe du
« Ciel à foison, si peu qu'on soit soigneux de cul-

« tiver celle qu'on y apporte. La barbarie, l'igno-
« rance, la pauvreté et la misère, qui rendent la
« vie de ces sauvages plus déplorable que la mort,
« nous sont une leçon continuelle de regretter la
« chute d'Adam, et de nous soumettre entière-
« ment à celui qui châtie encore la désobéissance
« en ses enfants, d'une façon si remarquable,
« après tant de siècles. Sainte Thérèse disoit au-
« trefois qu'elle ne se trouvoit jamais mieux en
« ses méditations, que dans les mystères où elle
« trouvoit Notre-Seigneur à l'écart et sans com-
« pagnie, comme si elle eût été au jardin des
« Olives, et elle appeloit cela une de ses simpli-
« cités. On comptera ceci, si l'on veut, parmi mes
« sottises ; mais il me semble que nous avons ici
« d'autant plus de loisir pour caresser, par ma-
« nière de dire, et entretenir Notre-Seigneur à
« cœur ouvert, au milieu de ces terres inhabitées,
« que moins il y a de personnes qui s'en mettent
« en peine. Et moyennant cette faveur, nous pou-
« vons dire hardiment : *Non timebo mala quo-*
« *niam tu mecum es* (Je ne craindrai pas les maux,
« parce que vous êtes avec moi, Ps. XXII). Bref,
« je me représente que tous les Anges gardiens de
« ces nations incultes et délaissées sont conti-
« nuellement en peine et en action pour nous
« sauver de ces dangers. Ils savent bien que, s'il
« y avoit quelque chose au monde qui nous dût
« donner des ailes pour retourner d'où nous

« sommes venus, et par obéissance et par incli-
« nation propre, ce seroit ce malheur, si nous
« n'en étions à couvert sous la protection du Ciel;
« c'est ce qui les réveille à nous en procurer les
« moyens, pour ne perdre la plus belle espérance
« qu'ils aient jamais eue, par la grâce de Dieu, de
« la conversion de ces peuples.

« Je finis ce discours avec ce mot : si dans la
« vue des peines et des croix qui vous sont ici pré-
« parées, quelqu'un se sent si fortifié d'en haut
« que de pouvoir dire que c'est trop peu, ou
« comme saint François Xavier : encore plus, en-
« core plus, *amplius, amplius,* j'espère que Notre-
« Seigneur tirera aussi de sa bouche, au milieu
« des consolations qu'il lui donnera, cette autre
« confession : que ce sera trop pour lui, qu'il n'en
« pourra plus : *Satis est, Domine, satis est* (c'est
« assez, Seigneur, c'est assez). »

Tel est le mémoire envoyé par le serviteur de
Dieu à ses frères d'Europe, appel ardent et toutefois motivé, témoignage authentique de son expérience et de la sagesse de sa vertu, portrait fidèle
où il se peint lui-même.

Dans une de ses lettres aux futurs missionnaires
des Hurons nous trouvons d'autres détails qui achè-
veront le tableau.

« Voulez-vous, dit-il, être bien venus des sau-
« vages? gardez-vous de vous faire attendre pour
« l'embarquement. Ayez soin de vous munir

« d'un briquet ou d'un miroir ardent, afin qu'ils
« puissent fumer pendant le jour, et le soir, allu-
« mer du feu pour leur repas.

« Mangez de leur sagamité, malgré la crudité,
« le peu de saveur et la malpropreté. Bien des
« choses vous soulèveront le cœur, qu'il faudra
« supporter pour l'amour de Dieu, sans en dire
« mot, et même en faisant bonne mine.

« Prenez toute la ration qu'on vous offrira,
« car lorsque vous y serez faits, elle vous paraîtra
« bien légère. Mangez dès le matin; les Hurons,
« en voyage, ne font que deux repas, au lever et au
« coucher du soleil. Dans les canots soyez nu-pieds,
« pour être plus lestes, et ne pas apporter de sable.
« Dans les portages prenez vos chaussures; elles
« sont permises alors. Soyez sobres d'interrogations,
« constamment gais et joyeux; supportez les im-
« perfections et la grossièreté de vos compagnons,
« sans avoir l'air de vous en apercevoir.

« Point de cérémonie : acceptez la meilleure
« place dans la cabane. Les plus grandes commo-
« dités seront encore pour vous matière à sacrifices.
« N'offrez pas vos services, à moins que vous ne
« vouliez continuer ; ne commencez pas à ramer,
« si vous n'avez le dessein de ramer toujours. Il est
« plus facile de refuser dès le principe, que de se
« désister dans la suite.

« Enfin soyez persuadés que les sauvages con-
« serveront dans leur pays l'impression que vous

« aurez produite sur eux pendant le voyage, et
« ils ne manqueront pas de la publier parmi leurs
« amis et connaissances.

« Voilà une leçon bien facile à apprendre, mais
« bien difficile à pratiquer. Sortant de la terre clas-
« sique de la politesse et du bon ton, vous tombez
« parmi des barbares qui ne se soucient nullement
« de vos belles manières. Toutes les qualités qui
« vous rendraient recommandables ailleurs, sont
« des perles foulées aux pieds par des pourceaux ou
« plutôt par des muletiers, qui ne vous témoignent
« que du mépris, si vous ne vous conduisez pas
« comme eux. Sachez plier les épaules sous de
« pesants fardeaux, et vous serez savants dans leur
« science, et reconnu pour de grands hommes,
« autrement non. Jésus-Christ est la vraie gran
« deur du Missionnaire; c'est lui seul et sa croix,
« que vous devez chercher en courant après ces
« peuples. Avec Jésus vous aurez trouvé les roses
« dans les épines, la douceur dans l'amertume
« et le tout dans le néant. »

Ces lignes parlent d'elles-mêmes, et par les minutieux détails, dans lesquels elles entrent, elles
nous révèlent tout l'héroïsme de notre saint Missionnaire, qui dans son apostolat ne cherchait,
à l'exemple de saint Paul, que Jésus seul et sa
croix.

X

Religion des Hurons. — Devoirs rendus aux morts. — Cosmogonie. — Gouvernement. — Caractère.— Supplice d'un prisonnier.

Le zèle patient que le P. de Brébeuf déployait à la conversion des sauvages ne l'empêchait pas de se livrer à d'autres soins, toujours dans l'intérêt de ces peuples. Il se perfectionnait dans leur langue ; il communiquait sa science à ses frères ; il travaillait à bien connaître le caractère de ces sauvages, et dans ce but il faisait des études sérieuses sur leurs coutumes, leurs mœurs, leur religion; nous trouvons dans les *Relations du Canada* le résultat de ses recherches. C'est là que nous irons puiser les détails que le lecteur va lire. Nous les donnons ici parce qu'il traça ces notes en 1636, et aussi parce qu'elles peuvent contribuer à mieux faire apprécier les difficultés qu'il rencontra, et par conséquent le courage qu'il lui a fallu pour les vaincre.

Religion. Pour commencer par ce qu'il y a de plus

8

sacré et de plus nécessaire à l'homme, et en même
temps par ce qui manquait le plus à ces pauvres
sauvages, je veux dire la religion, il faut reconnaître que les Hurons vivaient sans autels, sans
temples, sans sacrifices, sans prêtres et par conséquent sans Dieu. Ils avaient bien quelqu'idée confuse de la divinité, mais tout à fait vague et obs-
cure. Ainsi on les entendait faire quelquefois cette
invocation curieuse, qu'on peut traduire par ces
mots : « Ayez pitié de nous. » C'était comme un cri
instinctif du cœur dans les dangers et les peines,
assez semblable à notre cri populaire : mon Dieu !
mais sans y attacher un sens précis, et sans l'appliquer à un être déterminé.

Ils reconnaissaient cependant l'existence d'esprits bons et mauvais, et pour apaiser ceux-ci, et
plaire à ceux-là, ils offraient des espèces de sacrifices. Ils jetaient par exemple du tabac ou de l'huile
dans l'eau ou le feu ; ou bien ils livraient aux
flammes une des parties principales de l'animal
qu'ils avaient tué. Quand le P. de Brébeuf les
voyait se livrer à ces actes idolâtriques, il nous
raconte sa douleur, et alors ne pouvant les empêcher, il faisait ce souhait vraiment apostolique :
« Mon Dieu, exaucez-les, et faites-vous connaître à
« eux; car c'est vous qu'ils cherchent, et à qui ils
« veulent s'adresser. »

Sans adorer le soleil, les sauvages juraient cependant par la lumière, et ils l'appelaient en té-

moignage de leur bonne foi ou de leur innocence.

Mais à défaut de religion et de culte régulier, la superstition régnait chez eux. Elle était maîtresse souveraine, et son domaine s'étendait sur tous les actes de la vie, songes, festins, jeux, chasse, pêche, maladies, voyages : tout était soumis à ses lois, et c'étaient les chaînes les plus difficiles à rompre. Ainsi jamais ils n'auraient consenti à jeter aux chiens les os des poissons ou des animaux qu'ils avaient tués. C'était s'exposer, disaient-ils, à une mauvaise chasse. Les morts avertiraient les vivants.

La superstition semblait dominer surtout dans la sépulture des morts. Aucun culte ne l'accompagnait, aucun sacrifice, aucune prière, mais des pratiques vaines, un cérémonial minutieux, observé avec une scrupuleuse exactitude.

Le P. de Brébeuf, qui fut témoin oculaire d'une de ces cérémonies funèbres, nous en a laissé la description détaillée, à laquelle ont eu recours tous ceux qui ont parlé des sépultures. « Nos sauvages « ne sont pas sauvages, écrit le P. de Brébeuf dans « la Relation de 1636, en ce qui regarde les devoirs « que la nature même nous oblige de rendre aux « morts. Ils ne cèdent point en ceci à plusieurs na- « tions beaucoup mieux policées. Vous diriez que « tous leurs travaux et leur commerce ne se rap- « portent qu'à amasser de quoi honorer ceux qui ne « sont plus. Ils prodiguent les pelleteries, les haches

« et la porcelaine en telle quantité que vous juge-
« riez à les voir en ces occasions, qu'ils n'en font
« aucun cas, et cependant ce sont toutes les ri-
« chesses du pays. Vous les verrez souvent en
« plein hiver presque nus, pendant qu'ils ont de
« belles fourrures pour les morts. »

Il y avait chez les Hurons deux sortes de sépultures, l'une privée et temporaire, qui était comme
le culte de la famille et de l'amitié, et l'autre commune et permanente, qui était l'hommage de la nation entière.

Après sa mort le sauvage était enveloppé dans
une fourrure, et enfermé dans un cercueil fait d'é-
corce. On le transportait au milieu des larmes
et des cris, dans un champ commun consacré
aux morts, et nommé *Oigosaye*. Au lieu de descendre le cercueil dans la terre, ils l'élevaient sur
quatre poteaux, et il attendait là la sépulture commune. Celle-ci n'avait lieu que tous les huit ou
dix ans, et portait le nom de *Fête des morts*. C'était
pour la nation ou du moins pour la tribu une
grande cérémonie, à laquelle tous les sauvages de
la tribu se croyaient obligés d'assister.

Quand l'époque est arrivée, on choisit un lieu
convenable pour le tombeau commun (1), et l'invi-

(1) Quelques-uns de ces tombeaux hurons, restés inconnus
pendant plus de deux siècles, ont été découverts, il y a
quelques années. Ils ont la même forme et le même caractère
que celui qui a été décrit par le P. de Brébeuf. L'un d'eux
contenait quinze cents têtes. On a trouvé dans un autre

tation est faite dans toute la contrée. Chaque famille s'empresse de préparer ses morts. Elle va les chercher au cimetière provisoire et elle nettoie avec soin leurs ossements. Ils sont dépouillés de tout ce qu'ils pourraient conserver encore de chairs, et enveloppés dans de nouvelles fourrures. Alors les parents, prenant sur leurs épaules ce précieux fardeau, partent gravement et en ordre, pour le lieu de la cérémonie. Leur marche est si lente, que les habitants du village d'Ihonatiria mirent trois jours en 1636, pour franchir les seize kilomètres qui les séparaient de la fosse commune.

La fosse avait été préparée près du village d'Ossossane. Elle était de forme circulaire, et avait trois mètres et demi de profondeur et huit et demi de diamètre.

A mesure qu'ils arrivaient, les sauvages déposaient les ossements sur une espèce de théâtre près de la fosse, afin qu'on pût les contempler à loisir, et pour donner aux orateurs le temps de faire l'éloge des défunts. Près de deux mille sauvages prenaient part à cette cérémonie.

La fosse avait été garnie intérieurement d'un vaste linceul, formé de près de cinq cents peaux de castor. Avant les ossements, on y dépose des pré-

vingt-six chaudières en cuivre et des calumets avec beaucoup d'objets curieux, entre autres de gros coquillages à forme spirale, que les sauvages perçaient à leur base pour leur servir comme de trompes.

sents offerts aux défunts et que l'on croit utiles pour le voyage des âmes. Ce sont des haches, des pointes de flèche, des calumets, des colliers, des bracelets, des coquillages, et enfin des chaudières. Celles que le P. de Brébeuf vit mettre dans la fosse, au nombre de trois, « n'étaient, dit-il spirituelle-« ment, bonnes que pour des morts. L'une était « percée, l'autre n'avait pas d'anse, et la troisième « ne valait guère mieux. »

Alors les ossements furent placés avec ordre dans ce vaste tombeau, et il y en avait une si grande quantité que la fosse fut remplie à soixante centimètres près. On recouvrit le tout avec les bords du grand linceul et d'autres pelleteries, et on entassa dessus des écorces, du sable, de la terre et des pierres. Puis une enceinte de pieux dressés autour le mit à l'abri des insultes des animaux, et de la cupidité des profanateurs.

Dans l'idée des sauvages les âmes des morts prennent aussitôt le chemin du *Pays des âmes*, qu'ils supposent situé vers l'ouest, et où elles trouvent selon leurs mérites, un lieu de bonheur ou un lieu de malheur.

Parmi les morts déposés dans cette tombe, il y avait quinze à vingt chrétiens. Le P. de Brébeuf se mit à genoux après la cérémonie, et récita pour eux le « *De profundis* ». « J'ai la ferme espérance, ajoute-t-il, que si la divine bonté n'arrête pas le cours de ses bénédictions sur ces peuples, cette

fête ne se fera plus, ou ne sera que pour des chrétiens, et ce sera avec des cérémonies aussi saintes
que celles-là sont sottes et inutiles. »

Cosmogonie. Rien n'est plus bizarre ni plus absurde
que la cosmogonie de ces peuples, et cependant,
remarque le P. de Brébeuf, il y a plus d'un trait
où l'on retrouve quelques traces des traditions bibliques.

Ainsi ils veulent que leur nation (et pour **eux**
c'est le monde entier) ait eu pour mère une femme,
nommée *Ataensic*, tombée du ciel « ils ne savent
comment. » Elle fut reçue doucement dans sa chute
par une tortue, sur le dos de laquelle le castor et
les autres animaux, qui s'intéressaient à elle,
avaient tout à coup formé une île. Cette île que
tous les animaux se mirent à étendre, en y apportant de la vase du fond de l'eau, devint la terre.
Dans cette nouvelle demeure, Ataensic eut deux
fils, Taouiscaron et Iouskea ; mais celui-ci tua son
frère, et par une transformation que les sauvages
ne cherchent pas à expliquer, il devint le soleil,
tandis que sa victime devenait la lune. C'est au
soleil qu'ils attribuent le succès de leur chasse et
de leur pêche.

Que ces traditions fabuleuses, avec leurs détails
ridicules et souvent contradictoires, sont loin des
lumières que répand l'Evangile sur Dieu, sur notre
origine et sur celle du monde, et sur nos destinées ! et combien la foi paraît nécessaire à la

raison, pour l'arrêter sur le penchant de tant d'absurdités monstrueuses où elle est exposée à s'abîmer, quand elle n'a pour guide que ses propres lumières !

Gouvernement. L'organisation politique et sociale était chez les Hurons plus régulière que leur culte, sans cependant l'être beaucoup. « Sans « mettre les Hurons, écrit le P. de Brébeuf, en « parallèle avec les Chinois, les Japonais et autres « nations parfaitement civilisées, on ne peut pas « les confondre avec les brutes, comme quelques-« uns l'ont fait. Il faut reconnaître qu'il y avait « chez eux certains éléments de civilisation, qui « constituaient une sorte de gouvernement orga-« nisé, avec un petit nombre de lois ou plutôt « d'usages, et sans complication de pouvoirs ou « multiplicité d'emplois. »

L'autorité publique était entre les mains de chefs, nommés *Capitaines*, dont la dignité n'était pas héréditaire, mais élective et méritée par de grandes qualités d'esprit et de cœur, par des services rendus et par l'expérience de la vie. Les uns présidaient aux affaires civiles, les autres commandaient à la guerre.

Chaque village avait son conseil, formé de capitaines et d'anciens. Dans les questions d'intérêt commun, les conseils particuliers de chaque village se réunissaient en assemblée générale, où se traitaient les affaires qui regardaient tout le pays.

Du reste l'autorité des chefs n'était pas appuyée sur la force, mais sur l'estime et l'affection qu'ils avaient conquises.

Leur code de justice criminelle était bien restreint. Chacun avait le droit de se rendre justice à lui-même. Un meurtrier avait contre lui tout le village auquel appartenait sa victime, mais il pouvait toujours par des présents se soustraire à sa vengeance, tandis que le voleur maladroit qui se laissait prendre pouvait être dépouillé non-seulement du fruit de son larcin, mais de tous ses biens, et que le premier venu avait droit de vie et de mort sur un sorcier accusé de maléfice.

Il y avait cependant une loi admise chez les Hurons et regardée comme sacrée, loi non écrite mais gravée dans tous les cœurs, et si profondément empreinte, que jamais on ne la vit violer. C'était la loi de l'hospitalité. Ils en poussaient le respect jusqu'à ses dernières limites. Ainsi non-seulement un compatriote, mais tout étranger, à moins d'être un ennemi, entrait dans une cabane et en sortait à son gré. Sans y être invité, il prenait sa part du repas de la famille, et agissait avec la même liberté que s'il eût été dans sa propre cabane; personne n'y trouvait à redire.

Le caractère de la nation huronne différait beaucoup de celui des Iroquois. Ceux-ci étaient dissimulés, fiers, ambitieux, vindicatifs et féroces. Ceux-là, malgré leur vanité et leur légèreté, étaient plus ouverts, plus reconnaissants et surtout plus humains. Cependant la guerre réveillait en eux les instincts sauvages, et pour se venger sur leurs prisonniers, ils poussaient quelquefois la cruauté jusqu'aux derniers raffinements. L'année 1636 nous en donne une horrible preuve dans un supplice, dont le P. de Brébeuf a conservé les hideux détails.

Un Iroquois, ayant été pris par quelques guerriers hurons, fut condamné à endurer des tourments qu'on ne lit pas sans frémir. Malgré ses instances, le P. de Brébeuf ne put ni lui épargner ni adoucir ses tortures, mais il eut la consolation de lui ouvrir par le baptême l'accès aux joies éternelles.

Selon l'usage, ce prisonnier fut remis à un capitaine d'Arontaen, nommé Saoüadaoüascoüay, parce que celui-ci avait perdu un de ses parents dans la lutte. Cependant son supplice avait commencé au moment de sa prise ; une de ses mains avait été écrasée entre deux pierres. Un coup de hache avait fait tomber le pouce et l'index de l'autre main.

La victime fut ensuite ornée, comme pour un triomphe. On la revêtit d'une belle robe de castor ; son cou portait un collier de porcelaine, et une couronne lui ceignait le front. Ainsi parée elle fit son entrée solennelle dans le village d'Arontaen, d'un air intrépide, et en chantant un air guerrier, comme pour braver son supplice. Un sauvage met sa fierté à ne pas se laisser vaincre par la douleur, et à faire parade d'une constante insensibilité. Une foule nombreuse l'accompagnait, ivre de vengeance et poussant des cris féroces.

Le P. de Brébeuf s'était approché. Toute sa préoccupation était de venir au secours de son âme, puisqu'il ne pouvait sauver son corps. Il lui parle avec bonté, compatit à son sort, et s'efforce de lui donner quelques consolations. Touché de trouver un ami et un père, là où il ne s'attendait à trouver que des bourreaux, le prisonnier surpris prête l'oreille aux bonnes paroles du Missionnaire. Elles pénètrent dans son cœur comme une lumière et une espérance. A cette lueur, il comprend l'immortalité de l'âme, l'existence du Dieu créateur, rémunérateur et vengeur à la fois, la nécessité du baptême, les feux de l'enfer et les joies du paradis. L'avenir, tout à l'heure si sombre pour lui, lui offre des horizons nouveaux. Le bonheur de l'autre vie lui apparaît comme possible. Il veut le mériter par son supplice. La grâce, dont l'action est si puissante et si rapide dans les cœurs dociles, avait déjà fait une œuvre consommée. Mais aussi de quel instrument elle s'était servie ?

La victime demanda bientôt le baptême, et le P. de Brébeuf, la trouvant digne d'entrer dans la famille de Dieu et de son Église, versa sur son front l'eau qui régénère. Il lui donna le nom de

Joseph, pour offrir à Dieu par ce puissant protecteur auquel il avait une grande dévotion, les prémices de la nation iroquoise, comme il l'avait fait pour la nation huronne.

Les Hurons, témoins de ce spectacle de charité, digne des premiers âges, le contemplèrent avec étonnement, mais sans renoncer à leur haine, qui reprit bientôt tout son empire. Le maître du prisonnier ne le rejoignit qu'à Tondakra, à quatre kilomètres d'Arontaen, où le 4 septembre il prononça sur son sort. En le voyant si horriblement mutilé, il lui dit : « Mon neveu, j'avais pensé à te « laisser la vie ; mais dans l'état où tu es, je « change d'avis. Tu vas mourir, ne te laisse pas « abattre par la crainte des tourments. — Quelle « mort subirai-je? dit tranquillement Joseph. — « Tu périras par le feu, répondit le capitaine. « —C'est bien, c'est bien, » ajouta le néophyte, non plus avec la bravade d'un sauvage, mais avec la résignation d'un chrétien.

Le supplice commença. Dans une cabane, horriblement bien nommée la *cabane des têtes coupées*, onze feux avaient été allumés sur une même ligne dans le sens de sa longueur, et la foule rangée des deux côtés attendait le patient. Il arrive enfin les mains fortement liées. Chacun s'était armé d'un tison ou d'une écorce enflammée, et le Capitaine avait exhorté les bourreaux à bien faire leur devoir. La victime est poussée au milieu des bra-

siers ardents, tantôt forcée de courir sur les charbons, tantôt contrainte de s'arrêter pour être
torturée plus à l'aise. Le feu fut appliqué sur
toutes les parties du corps, au milieu de vociféra-
tions effroyables, qui couvraient les cris du patient.
On lui brisait les os des doigts ; on lui enfonçait
dans les oreilles des bâtons aigus ; on appliquait
des haches brûlantes sur ses pieds, sur son cou et
sur ses reins.

Au septième tour qu'il fit dans cette cabane devenue un enfer, les forces trahirent son courage. Il
tomba sans mouvement. On se hâta de le secourir,
mais ces barbares étaient cruels jusque dans leur
compassion. Ils voulaient ménager leur victime
pour la conserver jusqu'au lendemain. C'était un
préjugé parmi eux qu'elle ne devait pas périr
avant le lever du soleil.

Une femme se chargea de lui donner un peu de
nourriture, et lui mettait les morceaux à la bouche
comme aurait fait la mère la plus tendre. Le Capitaine, qui l'avait voué à la mort, lui donnait à
fumer son propre calumet, essuyait la sueur qui
ruisselait sur son visage, et agitait même devant
lui un éventail de plumes pour le rafraîchir.

Quand le malheureux eut repris quelque force,
les scènes d'horreur recommencèrent. Par un raffinement de cruauté, les bourreaux ajoutaient l'in-
sulte à la torture : « Ça, mon oncle, disait l'un,
« j'ai un beau canot neuf, il faut que je le gou-

« dronne, et que je ferme toutes les fentes », et il promenait sur les jambes et sur le corps des tisons enflammés, qu'il excitait encore par son souffle. Un autre s'approchait en lui disant : « Oh ! ce n'est « pas bien que mon oncle ait froid. Je veux le « réchauffer » ; et il enveloppait ses pieds dans de vieilles nippes auxquelles il mettait le feu. « Je « n'entends rien à brûler, disait celui-ci ; c'est un « métier que je n'ai jamais fait, et je ne réus- « sis pas. » — Souvent il faisait pis que les autres.

« Mon oncle, disait celui-là, a bien voulu venir « mourir chez les Hurons ; je veux lui faire un « présent. Tiens voilà une hache », et il l'appli- quait toute brûlante sur sa chair, et pesait encore dessus pour activer son action.

Dans l'intérêt de son néophyte, le P. de Brébeuf ne quittait pas ce théâtre sanglant, où se passaient des scènes dignes de l'enfer. De son regard pa- ternel et compatissant, il encourageait la victime, et pendant les instants de répit que les bourreaux lui laissaient, il s'approchait d'elle, et la soutenait par ses douces et consolantes paroles, et surtout par le sang de Jésus-Christ qu'il versait sur son âme par l'absolution. La grâce fortifiait merveil- leusement ce nouveau chrétien, et malgré les cris arrachés par la souffrance, sa bouche ne proféra jamais une parole d'injure ou d'impatience.

La nuit suspendit le supplice, sans y mettre fin.

Le soleil après son lever devait en éclairer le dernier acte.

Une estrade de deux mètres de hauteur fut dressée en plein air en dehors du village. Le patient y monta, et il fut lié à un poteau qui était au milieu, mais de manière à pouvoir tourner autour. Près de là se tenait le P. de Brébeuf, le crucifix à la main. Le supplice du feu recommença, et sans aucun ménagement puisqu'il s'agissait de la mort. Un sauvage lui enfonça un tison enflammé dans les yeux, et jusque dans la gorge. Le néophyte tomba sans mouvement ; mais afin qu'il mourût de leur main, les sauvages se jetèrent sur lui, et lui coupèrent un pied, une main et enfin la tête. Ses douleurs étaient finies, mais la rage de ses bourreaux n'était pas satisfaite, et elle les poussa à faire de ce cadavre un horrible festin.

Ce spectacle serait insoutenable pour nos regards, si nous n'avions pas pour les reposer, celui de la religion triomphant avec le P. de Brébeuf. Il a opposé à la cruauté sa charité ; il a versé la vie sur la mort, et donné des palmes à la souffrance.

Pour rendre ce triomphe complet, le serviteur de Dieu aurait voulu changer aussi le cœur des bourreaux ; mais il devait auparavant traverser encore de rudes épreuves.

XI

*Arrivée de nouveaux Missionnaires. — Maladies épidé-
miques. — Epreuves. — Consolations.*

Un rayon de joie éclaira les derniers jours de
l'année 1636. Trois nouveaux Missionnaires, dont
deux surtout devaient rester célèbres, vinrent gros-
sir les ouvriers du champ du Père de famille chez
les Hurons. C'étaient les Pères Charles Garnier
Isaac Jogues, tous deux destinés au martyre, et le
P. Chastelain. Mais hélas ! presqu'aussitôt, dans
l'humble résidence d'Ihonatiria, à la joie succéda
l'épreuve. A peine avaient-ils embrassé leurs frères
que, soit fatigue du voyage, soit changement de
vie, la maladie s'abattit sur les nouveaux venus
La première victime fut le P. Jogues. Elle frappa
bientôt deux domestiques, et les Pères Chastelain
et Garnier.

Un seul domestique, Petit-Pré, et les Pères Le
Mercier et Pijart avec le P. de Brébeuf, leur supé

ieur, restaient debout pour les servir. Ce qui aug-
mentait encore l'embarras, c'est que les ressources
manquaient absolument pour les soulager. Ils
n'avaient pour lit que quelques écorces avec une
ouverture et quelques fourrures. « Tous leurs
« consommés, raconte d'une façon pittoresque le
« P. Le Mercier, se réduisaient d'abord à une
« infusion de pourpier sauvage avec un filet de
« verjus du pays. Nous avions bien une poule,
« mais elle ne nous donnait pas un œuf tous les
« jours, et puis qu'est-ce qu'un œuf pour tant de
« malades? » Puis avec un ton plaisant qui prouve
que le besoin et la souffrance n'avaient pas chassé
la gaieté, il ajoute : « C'était un plaisir de nous
« voir, nous autres qui étions sains, dans l'attente
« de cet œuf. Encore étions-nous embarrassés à
« décider qui en avait le plus besoin : car pour
« les malades, c'était à qui ne le mangerait pas. »

Les Missionnaires n'avaient, d'ailleurs, aucun
remède ni même de science médicale; mais la
charité suppléait à l'art et à la disette. L'état du
P. Jogues parut réclamer une saignée. Où trouver
un chirurgien? Le P. de Brébeuf prit sur lui de
tenter l'opération. Il avait déjà essayé son savoir-
faire sur un sauvage, et avec succès. Il réussit
encore à soulager son frère.

Si encore les malades avaient pu jouir du calme
et du silence, si nécessaires à la nature pour se
remettre, mais il fallait subir des visites bruyantes

et interminables. Habitués à exercer l'hospitalité dans leur cabane, les sauvages se mettaient peu en peine d'en abuser chez les autres. Se croyant maîtres partout, ils allaient et venaient en liberté autour des malades. Impossible de les éloigner et encore moins de les faire taire. Ils ne savaient ce que c'était que de parler bas, et ils trouvaient étrange qu'on les en reprît. « Tu n'as pas d'esprit, « répondit l'un d'eux au Missionnaire qui l'aver- « tissait, voilà un oiseau (il montrait un coq) qui « parle plus haut que moi, et tu ne lui dis rien. »

Mais ni ces importunités, ni le défaut absolu de ressources, ni la maladie n'étaient capables de lasser la patience ou même d'altérer la résignation joyeuse de ces pieux malades qui, suivant la leçon du P. de Brébeuf, n'avaient cherché en venant chez les Hurons que Jésus et sa croix. La communion qu'ils recevaient chaque jour entretenait et fortifiait encore cette disposition. Aussi contents de mourir que de vivre, ils étaient prêts à tout, et Dieu les laissa vivre. Peu à peu les forces revinrent aux malades, et les santés se rétablirent.

Pendant cette maladie, les Missionnaires reçurent une visite étrange. Un sorcier, fameux dans le pays et nommé Tonneroüanont, vint trouver le P. de Brébeuf, lui promettant de mettre sur pied tous les malades en peu de jours. « Que me de- « mandes-tu pour cela ? lui dit l'homme de Dieu, « qui voulait rire à ses dépens et sans doute égayer

« ses frères. — Tu me donneras dix tubes de verre,
« dit le sorcier, et un de plus pour chaque malade
« guéri. — Mais que feras-tu? continua le P. de
« Brébeuf. — Je t'indiquerai des plantes et des
« racines, et pour aller plus vite, je travaillera,
« moi-même, je conjurerai les sorts, et ferai la
« suerie. »

Or la suerie était un bain de vapeur, qui servait
aux sorciers comme de *medium* avec le Manitou,
c'est-à-dire avec le démon, pour découvrir l'avenir
ou guérir les malades. Pour l'obtenir ils se pla-
çaient dans une petite cabane d'écorces, herméti-
quement fermée et recouverte de pelleteries. Des
cailloux brûlants y étaient introduits, et l'eau,
qu'on faisait couler sur eux goutte à goutte, se
vaporisait, échauffait bientôt l'étroite enceinte et
provoquait d'abondantes sueurs. Dans cette situation le jongleur entonnait des chants, poussait
des cris et battait le tambour. Ce bruit attirait le
Manitou qui se mettait alors en rapport avec lui,
et lui révélait les mystères cachés aux mortels.

On s'imagine sans peine comment de telles
fables furent accueillies par le serviteur de Dieu.
Il renvoya le complaisant docteur, non sans lui
avoir expliqué qu'il n'y a qu'un seul souverain
tout-puissant au Ciel et sur la terre, arbitre à la
fois de la vie et de la mort, le Grand Esprit par qui
tout a été fait. Notre sorcier se retira confus. Il
comprit qu'il avait affaire à trop forte partie, et

que ses mensonges ne réussiraient pas à faire des dupes.

Cependant, comme il arrive souvent, Dieu allait faire servir l'épreuve à la consolation et à l'espérance. Cette maladie qui avait troublé la joie des Missionnaires dans la réception des nouveaux venus, et qui faillit compromettre l'avenir de la mission, devint pour eux une défense et une leçon. A peine avait-elle quitté leur cabane qu'elle s'abattit sur les villages hurons, et y fit de grands ravages. La haine qui restait au cœur de quelques-uns, et la légèreté des autres, les poussèrent à accuser les Missionnaires d'être les auteurs du mal, et de n'être venus dans leur pays que pour les perdre.

La maladie qu'ils venaient d'endurer était la meilleure réponse à ces imputations malveillantes. Arrivés bien portants, les Missionnaires avaient pris le mal dans le pays : ils ne l'avaient donc pas apporté. Comment pouvaient-ils en être les auteurs, puisqu'ils avaient failli en être les victimes.

Mais leur dévouement allait parler plus efficacement encore que ces raisons. Dès que le mal commença à se répandre, on vit les Missionnaires se mettre à l'œuvre, pour disputer au fléau toutes ses victimes. L'expérience qu'ils avaient faite eux-mêmes de ses atteintes les rendait plus habiles à les repousser chez les autres. Leurs remèdes, bien que très-restreints et réduits à des proportions presqu'insignifiantes, étaient bénis de Dieu, parce qu'ils étaient distribués par la charité, et ils obtenaient souvent de merveilleux succès. Tout le monde en voulait.

Les Missionnaires se portaient de tous côtés, dans l'espérance qu'à la faveur des remèdes qu'ils donnaient aux corps, ils parviendraient à atteindre et à guérir les âmes ; mais cette seconde guérison offrait bien d'autres difficultés que la première. Il fallait « attendre ce fruit dans la patience ». Comment dissiper tant de ténèbres que la tradition et l'ignorance avaient amassées dans leurs esprits, et rompre brusquement les chaînes pesantes qui tenaient leurs cœurs captifs ? « Le Ciel est trop loin, « disait un malade à qui le Missionnaire expliquait « ses joies. Avec mes mauvaises jambes, je ne pourrai « jamais y arriver. — Tu dis que les Iroquois « iront au Ciel, reprenait un autre. C'est assez « pour que je n'y aille pas, parce qu'ils ne pourront « jamais m'y souffrir. »

Une femme entendant le Missionnaire exhorter sa sœur à tâcher de mériter le Ciel, lui disait : « Tu « n'as pas d'esprit. Tu veux lui faire choisir le lieu « où elle ira après sa mort. Il n'est pas encore temps. « Elle le fera quand elle sera morte. » Elle voulait dire après la sépulture générale.

« Que veux-tu qu'il aille faire au Ciel ? reprenait « une autre femme en parlant de son mari. Il s'en- « nuiera : Il n'a là ni parents ni connaissances.

La superstition n'entravait pas moins le ministère des Missionnaires que l'ignorance et les passions. Les sorciers se posaient comme leurs rivaux, et que de fois ils l'emportèrent ! Leur tambour (1) retentissait de tous côtés. C'était le signal des chants, des festins, des danses superstitieuses, et de tout ce qu'ils croyaient commandé par les songes.

Cependant, pour faire peur à la maladie, des mannequins de paille à forme grotesque avaient été suspendus à la porte de quelques cabanes, et par le fait même, ils en fermaient l'entrée aux Missionnaires. S'ils osaient la franchir, on surveillait leurs mouvements pour les empêcher de verser l'eau sainte sur le front des malades. L'enfer avait déjà réussi à faire passer cet acte pour un sortilége qui donnait la mort. D'autres sauvages allaient plus loin ; ils repoussaient les Missionnaires, les poursuivaient, et plus d'une fois (telle était la lègéreté de ces peuples !) ils envoyaient les enfants courir après eux, et les couvrir de huées. Les hommes de Dieu « revenaient tout joyeux dans leur cabane, heureux d'avoir été jugés dignes de souffrir quelque chose pour le nom de Jésus-Christ, » et ne demandant à Dieu d'autre vengeance, que la lumière de la foi pour ces infortunés aveugles.

Ces mauvais traitements n'étaient pas toutefois universels, et plus d'un témoignage de confiance et de

____

(1) Il était formé de la partie supérieure d'une écaille de tortue sur laquelle on tendait une peau.

piété en adoucissait l'amertume. Le village d'Ossossane se signala parmi les autres. C'était un des plus importants du pays. Il comptait plus de cinquante cabanes de huit à dix familles, et passait pour un des mieux fortifiés. Dans l'abattement que produisait la maladie, les capitaines conjurèrent le P. de Brébeuf de venir les secourir. Celui-ci accourut, et les ayant réunis, il leur dit que le médecin souverain, celui qui seul pouvait porter remède à leurs maux, était le Grand Esprit, et que c'est par la prière qu'on peut apaiser sa colère, et se le rendre favorable. Il faut donc, ajouta-t-il, renoncer à toute pratique superstitieuse, et lui promettre solennellement d'ériger une chapelle en son honneur dans le village. Le Missionnaire obtint cette promesse ; mais de nouvelles entraves suscitées par l'ennemi du salut en retardèrent l'exécution.

Le village d'Ihonatiria, qui abritait les Missionnaires, vint aussi, le 19 novembre, implorer l'intervention du P. de Brébeuf qu'ils regardaient comme très-puissant sur le Maître du ciel. Il donna à ses capitaines la même leçon. Il faut croire au Grand Esprit, leur dit-il, et obéir à sa loi. Il les poussa à faire non une simple promesse, mais le vœu de lui élever une chapelle au printemps. Il les fit mettre à genoux devant une image de Notre-Seigneur qu'il avait exposée, et prononça tout haut pour eux la formule de l'engagement.

Dans ce moment de terrible épreuve, l'homme

de Dieu crut qu'il devait avec ses frères faire quelque chose de son côté pour arrêter le fléau. Le 30 novembre, prenant à témoin Notre-Seigneur lui-même qu'il tenait dans ses mains, il fit vœu à haute voix au nom de toute sa maison, d'offrir des messes, des communions et des chapelets pour préserver leur cabane et le village. La cabane le fut ; aucun de ses habitants ne contracta la maladie ; mais le village ne fut pas épargné. Il est vrai qu'il n'avait pas accompli sa promesse. Un capitaine influent, qui n'avait pas voulu prendre part à l'engagement, avait travaillé les esprits, et les avait fait renoncer à leur résolution.

Le Ciel les punit. Le village. par un juste châtiment de Dieu, parut comme maudit, et la mort y fit de si affreux ravages qu'il fut complétement ruiné. Les Missionnaires se virent bientôt forcés d'aller dresser ailleurs leur cabane.

Un autre, village celui, d'Onnentisati reçut la même leçon, quoique d'une manière moins terrible. Un sorcier, celui-là même qui s'était vanté de guérir les Pères malades, poussa l'audace jusqu'à promettre à ses habitants. que sa main arrêterait la contagion si on l'écoutait. Le P. de Brébeuf l'apprit, et voulut faire mentir l'enfer. Il s'adressa au Ciel, et le lendemain même, il fit vœu avec les autres Pères, de célébrer trente messes en l'honneur de saint Joseph, si le village n'était pas épargné ; sa prière fut exaucée, et malgré les as-

surances du sorcier, aussi faux prophète que mauvais médecin, l'épidémie fit de nombreuses victimes.

Cependant il y eut vers cette époque des moments favorables à la foi, soit que la patience et la
charité des Missionnaires eussent triomphé de la
haine ou des préjugés, soit que la maladie, toujours intense, eût contraint ces âmes grossières à
recourir à ceux qu'ils regardaient comme leurs ennemis. Les Missionnaires voyaient les cabanes
s'ouvrir, comme d'elles-mêmes. Ils pouvaient prêcher sans être inquiétés, et ils purent faire couler
l'eau sainte sur bien des moribonds.

A la date du mois de mai 1637, le P. de Brébeuf
traça à son Général ce petit tableau et des efforts de
l'enfer et des triomphes de la foi : « Celui qui *donne*
« *la mort* et rend la vie, qui *conduit aux portes*
« *de l'enfer et qui en retire,* nous a sauvés de tous ces
« périls et a même amené ces barbares à nous
« demander pardon. Toutes les calomnies sont à
« peuprès tombées aujourd'hui. On nous écoute
« volontiers. Nous avons donné le baptême cette
« année à plus de deux cents personnes, et il n'y à
« guère de village qui ne nous ait invités à aller le vi-
« siter. Bien plus, ce fléau et ces mensonges même
« ont contribué à nous faire mieux connaître de ces
« peuples. Nos actes leur ont démontré que nous
« n'étions pas venus ici pour acheter des pelleteries
« ou trafiquer, mais uniquement pour les instruire,

« les unir à Notre-Seigneur, et par là leur procurer
« la santé de l'âme et une vie éternellement heu-
« reuse. Quelques familles, sans être encore bap-
« tisées, ont à notre persuasion mis toute leur con-
« fiance en Dieu. Comme elles ont été presque seules
« épargnées, elles ont une foi très-vive et ré-
« clament instamment la grâce du baptême, que
« nous leur conférerons, je l'espère, aussitôt que
« nous les aurons suffisamment éprouvées.....

    « C'est ainsi que la foi se propagera, mais *dans
« le travail, les veilles, les tribulations et la pa-
« tience.* Il nous faudra longtemps arracher et
« semer. Plus tard, viendra la récolte ; quoique
« nous *ne semions maintenant que dans les larmes
« et les gémissements,* nous espérons bien recueil-
« lir un jour *dans la joie une abondante moisson.* »

    Ainsi Dieu donnait à ses serviteurs des mo-
ments de joie et de consolation, qui ouvraient
leur cœur à l'espérance. C'était pour les préparer
à soutenir des assauts plus terribles encore, qui
mettront souvent en danger la vie des Missionnaires, et l'avenir de la mission.

XII

*Résidences huronnes. — Calomnies. — Dangers pour les
Missionnaires.*

L'année 1637 devait être mémorable dans les
fastes de la mission huronne, mais par des événements divers et opposés. Elle s'était ouverte, on
s'en souvient, dans l'épreuve et la crainte, et elle
s'achevait dans la consolation et l'espérance. La
seconde moitié allait suivre une marche contraire.
Heureuse d'abord, elle faillit aboutir à un désastre
complet. D'où venaient ces revirements? Était-ce
l'enfer qui défendait son empire? Était-ce Dieu
qui voulait purifier ses serviteurs?

Le premier événement, qui signala cette seconde partie de l'année, et porta la joie et l'espérance dans le cœur des Missionnaires, fut leur
changement de résidence. Le P. de Brébeuf nourrissait depuis longtemps le projet de fonder une
résidence à Ossossane, où il comptait des amis
dévoués. La destruction presque complète d'Ihona-

tiria, et le mauvais vouloir d'une partie de ses capitaines pour la foi, lui faisaient désirer un autre théâtre pour ses travaux. Les habitants d'Ossossane avaient fait plusieurs fois des démarches pour l'attirer chez eux. Aussi sa proposition fut-elle bien accueillie, quand ils la connurent. Il alla le 17 mai assister au grand conseil des capitaines sur cette affaire, et ne put que bénir Dieu de leurs heureuses dispositions. La construction d'une cabane fut immédiatement résolue, et sans tarder, on se mit à l'œuvre. Elle mesurait vingt-quatre mètres en longueur, et avait deux parties, l'une pour l'habitation, l'autre pour la chapelle. Le P. de Brébeuf en prit possession le 5 juin, en y offrant le saint sacrifice, et il mit ce nouveau poste sous le vocable et sous la protection de l'*Immaculée-Conception.*

Le second événement consolant de cette époque n'était pas moins riche en promesses. C'était le baptême solennel du premier adulte huron en bonne santé. Sans doute un grand nombre d'enfants et même d'adultes malades avaient déjà été faits enfants de l'Église ; mais la plupart, morts immédiatement après, n'avaient servi qu'à l'accroissement de l'Église triomphante. L'Église militante était encore à former, et ce premier baptême allait en jeter le fondement. Le néophyte privilégié, jugé digne de cet honneur, ne pouvait être mieux choisi. La main de la Providence semblait l'avoir désigné. C'était un homme d'environ cinquante ans. Sa maturité et son expérience n'étaient pas sa seule recommandation. Il se distinguait des autres par son esprit, son jugement droit, et la considération dont il jouissait dans tout le pays. Sa conquête ne pouvait être que d'une très-grande importance pour l'extension de la foi. Pour prévenir les défaillances et s'armer contre la dissimulation et l'inconstance, si naturelles aux sauvages, le P. de Brébeuf le tenait depuis trois ans à l'épreuve, ne donnant jamais que des espérances à ses désirs. Mais ces délais n'ébranlaient pas sa constance, et ne changeaient rien à sa résolution.

Au dernier moment, il voulut l'affermir par un témoignage public de sa foi. Tsiouendaentaha, c'était le nom du catéchumène, n'hésita pas un instant. Au milieu d'un grand festin, où il avait convoqué les principaux habitants du village, il acheta l'honneur du baptême par une profession solennelle de sa foi. Puis il annonça son projet, et sa résolution d'y être toujours fidèle.

Dans la pensée du P. de Brébeuf, cet acte de courage ne devait pas seulement consolider le nouveau chrétien, mais disposer tous les esprits en faveur de la foi. La cérémonie eut lieu le lendemain, fête de la Sainte-Trinité, et elle attira un très-grand concours. Jamais le pays des Hurons n'avait vu pareille solennité. « Notre chapelle,

« écrit le P. Le Mercier, l'historien de l'époque,
« était extraordinairement bien ornée. Nous avions
« dressé un portique entortillé de feuillage mêlé
« d'oripeaux, et nous avions étalé tout ce que
« nous avions de plus beau. Toutefois la pièce la
« plus rare était notre prosélyte, et toute l'assis-
« tance avait les yeux fixés sur lui. » C'était en
effet un spectacle bien nouveau que celui d'un
Huron qui, librement et après mûre réflexion,
venait le premier renoncer publiquement à sa
religion traditionnelle, pour embrasser celle du
Grand Esprit.

Le P. de Brébeuf fit les interrogations d'usage
prescrites par le rituel, mais le bon néophyte se
trouva tellement ému, que la parole expirait sur
ses lèvres, et il dit tout bas au Missionnaire : « Je
« ne suis pas capable de parler. » Cependant il se
remit bientôt, et reprit son assurance ferme et religieuse. En souvenir de saint Pierre, sur lequel
Notre-Seigneur avait bâti son Église, le nouveau
chrétien reçut le nom de *Pierre,* pour qu'il fût
aussi la première pierre de cette petite Église huronne.

Les sauvages, toujours si avides de cérémonies
extérieures, suivaient tous les mouvements de
celle-ci avec la plus curieuse attention. La journée
se passa en fête, et le P. de Brébeuf, qui connaissait si bien l'esprit des sauvages, voulut la
couronner par un festin, qu'il donna aux princi-

paux habitants du village, en l'honneur du néophyte. Celui-ci occupait la première place, et était rayonnant de joie.

Pendant tout le jour, la petite chapelle fut pleine de visiteurs, qui ne se lassaient pas d'en admirer les moindres détails. Ils restèrent longtemps à contempler deux tableaux représentant Notre-Seigneur et la très-sainte Vierge, de grandeur naturelle. Ils voulaient les toucher pour s'assurer s'ils n'étaient pas vivants ou du moins en relief. Ils ne comprenaient pas que des traits qui paraissaient si saillants pussent être sur une surface plane.

Cette journée remplit le cœur des Missionnaires de joie et d'espérance. La nouvelle Église était vraiment fondée; tout paraissait sourire à leurs vœux, quand tout à coup des nuages s'amoncellent et présagent la plus violente tempête. Sans doute l'enfer était jaloux de perdre sa proie. Le changement fut trop subit, pour être imputable à la seule inconstance des hommes. On vit se rallumer dans bien des cœurs la haine contre les Missionnaires, et les anciennes calomnies se réveiller avec un nouveau succès.

On disait que dans leur cabane, ils cachaient un corps mort, cause évidente de la maladie qui faisait toujours bien des victimes, interprétation grossière du mystère de l'Eucharistie et qui rappelle celle des païens aux premiers âges du christianisme. Ils ne voulaient voir que l'action d'un sortilége, dans la mort de ce grand nombre d'enfants enlevés par l'épidémie. Les Missionnaires, disaient-ils, l'avaient obtenue en tuant dans les bois un enfant avec des alènes. D'autres croyaient que dans leur cabane était renfermé, dans un baril de poudre, un serpent ou je ne sais quel animal, dont le souffle répandait la mort. Les remèdes même les plus simples devenaient des poisons en passant par la main des Missionnaires.

Il fallut arrêter la sonnerie de l'horloge. Chacun de ses coups marquait, selon les sauvages, la dernière heure d'un Huron. La petite girouette elle-même qui était sur une perche près de la cabane des missiounaires devint suspecte. « Où as-« tu l'esprit? mon neveu, dit un jour un sauvage « à un Missionnaire. Que veut dire ce morceau « de toile suspendu en l'air? Nous savons qu'il « indique le chemin que doit suivre la maladie. »

Les sauvages redoutaient surtout un tableau de la chapelle, qui représentait les tourments de l'enfer. Les flammes n'étaient pas autre chose que les tourments de la fièvre qui dévorait les malades, et les démons sous forme de serpents ou de dragons acharnés contre les pécheurs étaient des bêtes vénimeuses, qui s'attachaient sur les victimes de la maladie jusqu'à leur mort.

Si de pareilles accusations étaient tombées sur un sauvage, un coup de hache en aurait fait prompte-

ment justice, sans que personne y eût trouvé à redire, mais la crainte d'offenser la France retenait
les sauvages. Ils regardaient d'ailleurs les Missionnaires comme des hommes extraordinaires, dont la
puissance était redoutable et qui pourraient se venger. Par-dessus tout, il faut reconnaître la protection de la divine Providence, qui arrêtait la
main des méchants, prête à frapper ses serviteurs.

Cependant l'agitation du pays allait toujours
croissant. Le bruit même se répandit que le P. de
Brébeuf avait été assassiné. Le nom du meurtrier
courut de bouche en bouche. C'était une fausse
nouvelle mise adroitement en avant, pour sonder
l'opinion publique, et connaître l'impression qu'un
pareil fait pouvait produire.

Sans jeter le trouble dans l'âme du P. de Brébeuf, cette situation de la mission lui donnait de
justes inquiétudes. Si ces accusations et ces calomnies n'avaient pas mis d'entraves aux efforts de
son zèle, il ne s'en serait pas mis en peine, mais
elles apportaient à l'œuvre des obstacles toujours
croissants, qui pouvaient tout à fait la compromettre. Qui lui assurait d'ailleurs que, dans cet
état d'effervescence, quelque Huron plus audacieux ne porterait pas sur lui ou sur ses frères une
main sacrilége? Il se décida à faire justice de tous
les bruits calomnieux répandus contre les Missionnaires, et quelques Hurons ses amis l'encoura-
gèrent à cette démarche.

Le P. de Brébeuf demanda donc une assemblée publique des capitaines. Il avait, disait-il, une communication importante à leur faire. Le conseil se tint à Angoutenc, et la réunion fut nombreuse. Autour des capitaines, il se forma une couronne compacte de curieux, femmes, jeunes gens, enfants, tous avides de voir ce qu'allait faire la Robe Noire.

Le P. de Brébeuf ouvrit la séance par un présent de tabac « dont la fumée, disent les sauvages, en montant au cerveau éclaircit les idées ». Aussi c'est toujours le calumet à la bouche qu'ils délibèrent.

L'homme de Dieu prit alors la parole, et dans un langage franc et net, il mit sous leurs yeux la conduite des Missionnaires, et le motif de leur présence au milieu d'eux. « C'est pour vivre avec « vous, leur disait-il, que nous avons quitté notre « pays, notre famille et nos biens. Nous voulons « vous arracher à l'ennemi de vos âmes, et vous « apprendre à aimer et à servir le Grand Esprit, « pour mériter le bonheur qu'il a promis. » Il leur rappelait ce qu'ils avaient fait pour eux depuis leur arrivée, mais surtout leur zèle, leur dévouement pour les soulager pendant la contagion.

Ce plaidoyer était écouté avec attention, on peut même dire avec sympathie, quand tout à coup un sauvage, soit hasard, soit malice, vint tout mettre en suspens. Il invita les principaux chefs à un festin. Un sauvage ne saurait jamais résister à une invitation de ce genre, et elle fera toujours abandonner toute délibération, même la plus importante. La séance fut donc levée. Celui qui présidait eut, en se retirant, quelques paroles bienveillantes pour la Robe Noire, et comme celui-ci pressait la conclusion, il eut pour réponse, qu'il pouvait continuer la visite des malades. Ce n'étaient que des paroles trompeuses, et rien ne changea dans la réception faite aux Missionnaires. Le P. de Brébeuf apprit même que les sauvages voulaient à tout prix se débarrasser d'eux, et qu'ils avaient résolu de mettre à mort un des Français.

Ces intentions homicides se montrèrent encore plus à découvert dans une grande assemblée qui se tint peu après, le 4 août. Réunie dans le dessein de délibérer sur les souffrances du pays et sur la guerre qui se préparait, elle avait pour but réel e confondre les Missionnaires, de les chasser ou de les perdre. Le P. de Brébeuf y fut invité. Bien qu'averti par ses amis que sous cet honneur se cachait un affreux guet-apens, il n'hésita pas à s'y rendre. Son ascendant et la faveur du Ciel purent seuls le tirer du danger qu'il y courut. Vingt-huit villages y avaient envoyé leurs représentants.

Par une adresse calculée, le premier jour fut calme, et la discussion ne sortit pas du terrain de la politique; seulement vers la fin de la séance, comme pour mieux dissimuler leur projet, quelques sauvages s'amusèrent à interroger le P. de Brébeuf sur des sujets entièrement étrangers à l'affaire, tels que la nature du firmament, le mouvement des astres, le soleil, etc.

Le lendemain, la séance ne s'ouvrit qu'à huit heures du soir. Tout y paraissait morne et triste. L'heure artificieusement choisie, et l'expression peinte sur les visages, avaient je ne sais quoi de lugubre. Le président, vieillard aveugle et très-estimé parmi eux, annonça d'un ton lamentable l'objet de la discussion. Il s'agissait des maux qui accablaient le pays et menaçaient de le détruire.

Les orateurs, sur la figure desquels se peignaient la douleur et l'effroi, gardèrent pendant quelque temps le silence. Ils paraissaient abattus et comme aux mains de la mort. Avec un artifice infernal, ils ne s'exprimèrent d'abord que par des soupirs, se bornant à faire le dénombrement des victimes, frappées par la maladie dans leurs familles. Ces tristes énumérations ravivaient toutes les douleurs. Quand ils crurent les esprits préparés, ils remontèrent à la cause de tant de maux, qu'ils n'attribuaient qu'aux Robes Noires, et pressèrent vivement leur condamnation.

Personne ne prit leur défense; leurs amis les plus fidèles étaient interdits. Fort du secours de Dieu, le P. de Brébeuf profita du droit qu'il avait de parler, pour répondre à tant de plaintes et de calomnies. Si sa parole ne ramena pas ces esprits prévenus et égarés, elle parvint du moins à les rendre plus calmes et plus modérés. « Livre-nous,

« lui dirent-ils, l'objet mystérieux dont tu te sers
« pour ruiner le pays, et il ne te sera fait aucun
« mal. »

Le Missionnaire avait beau protester qu'il ne possédait rien de semblable. On ne tenait aucun compte de ses protestations, et les cris les plus bruyants et les plus injurieux les interrompaient. On l'appelait *ennuyeux, menteur, radoteur, indigne de vivre.* « Si vous ne voulez pas me croire,
« ajoutait l'homme de Dieu avec sang-froid, en-
« voyez quelqu'un dans notre cabane, visitez tout,
« et si vous craignez de vous tromper, prenez tout
« ce que nous avons d'habits et d'étoffes, et jetez-
« les dans le lac. — Voilà comment parlent les
« sorciers, dit un sauvage. — Encore, si tu nous
« disais ce qui nous fait mourir, ajoutait un autre.
« — Je ne le sais pas moi-même, répondit le ser-
« viteur de Dieu ; mais voici ce que je sais et ce
« que vous ignorez. » Alors il leur expliqua ce que c'était qu'une maladie contagieuse, et comment elle se répandait naturellement. Puis avec une sainte hardiesse qui n'a plus rien à ménager, il en chercha la cause dans la justice divine, qui punit ceux qui l'offensent.

La discussion se prolongeait sans mesure. Il était près de minuit. Les sauvages tombaient de lassitude ; quelques-uns même s'étaient déjà retirés. La conclusion fut renvoyée au retour des Hurons de Québec, et l'assemblée se sépara. Ce renvoi ne pouvait être que très-favorable aux Missionnaires.

En sortant de l'enceinte, le P. de Brébeuf eut peine à se tenir à couvert des coups qui lui étaient destinés. Un vieillard lui dit hardiment : « Si on te fend la tête, nous ne nous en plaindrons pas. » Une autre scène plus sanglante lui servit encore de leçon. Il vit tomber à ses pieds, sous un coup de hache, la tête d'un sauvage grand ennemi de la foi. La main du meurtrier s'était-elle trompée, et l'obscurité profonde qui régnait lui avait-elle fait prendre une victime pour l'autre ? Le P. de Brébeuf le crut, et il lui dit avec intrépidité : « N'est-« ce pas à moi que tu en voulais ? — Non, répon-« dit celui-ci : tu peux passer. Cet autre était un « misérable sorcier, dont j'ai voulu débarrasser le « pays. » On ne sait pas s'il disait vrai, ou si, rusé, comme sont les sauvages, il n'avait pas trouvé cette feinte pour cacher son dessein.

En définitive, le P. de Brébeuf sortait vainqueur de cette crise. Il crut avec ses frères devoir en rapporter toute la gloire à l'intervention de Marie Immaculée, leur refuge ordinaire, et en l'honneur de laquelle ils avaient fait vœu d'une neuvaine de messes.

Trompés dans leur attente, les ennemis des Missionnaires n'abandonnèrent pas leur projet criminel. Un incident nouveau contribua encore à les envenimer contre eux. Une bande de Hurons

revenaient de visiter une nation voisine, en relation
avec les colonies protestantes des Anglais et des
Hollandais. Ils y avaient recueilli des préjugés, et
de la haine contre la Compagnie de Jésus. « Méfiez-
« vous des Jésuites, leur avait-on dit. Malheur au
« pays où ils sont parvenus à pénétrer. Il est
« bientôt désolé et complétement ruiné. En Eu-
« rope, ils n'osent plus se montrer, et quand on
« peut les saisir, ils sont aussitôt punis de mort. »

Cet état d'exaltation et de haine toujours croissant devait nécessairement amener quelque malheur. Le 3 octobre il y eut une tentative d'incendie
de la cabane des Missionnaires. Elle eût été con-
sumée sans leur adresse et leur courage. Ils s'en
étaient heureusement aperçus à temps, et purent
en arrêter le progrès.

Échappés à l'incendie, la mort les attendait. La
jeunesse surtout en pressait le moment. Quelques
jeunes gens de la tribu de l'Ours avaient résolu de
prévenir toute décision du Conseil, et d'accomplir
seuls leur crime, aussitôt que les anciens seraient
partis pour la pêche.

Informés de ce qui se tramait contre eux, les
Missionnaires et leurs domestiques se préparèrent
avec résignation. « Nous étions tous résolus, écrit le
« P. Le Mercier, à attendre paisiblement la mort de-
« vant le saint autel. » Elle ne vint pas encore. L'audace manqua peut-être aux meurtriers. Peut-être
aussi que les anciens voulant mettre quelque forme

dans ce forfait, arrêtèrent les bras prêts à frapper. Quoi qu'il en soit, le coup fut manqué, et Dieu se contenta du sacrifice que les victimes avaient fait si généreusement de leur vie. L'occasion de le renouveler ne tarda pas à se présenter.

Vers la fin d'octobre les Missionnaires reçoivent tout à coup l'ordre de comparaître au Conseil : « Venez vite, dit le député qui l'apporta, répondre « aux anciens : Vous êtes morts. »

Le P. de Brébeuf se trouvait en ce moment à Ihonatiria. Comme c'était lui qu'on voulait entendre, le conseil fut remis à son retour. Averti du danger, l'intrépide Missionnaire accourut aussitôt. En vaillant capitaine, il avait droit de revendiquer pour lui le poste le plus périlleux.

Son premier soin fut de se rendre à la cabane des principaux capitaines, afin de prévenir ou de retarder s'il était possible le nouveau coup qui se préparait. Leur accueil morne et silencieux lui révéla que du côté des hommes tout était perdu pour eux. Il en rapporta aussitôt la nouvelle à ses frères. Elle ne surprit et n'émut personne. Tous les esprits se tenaient depuis longtemps à la hauteur du danger.

En prévision d'une mort très-prochaine, le P. de Brébeuf traça d'une main ferme comme son cœur, au nom de tous ses frères, la lettre qu'on va lire adressée à son supérieur à Québec. C'est comme le testament d'un martyr, un monument admirable

de foi, d'humilité, de zèle et de courage héroïque.
Tous les Pères présents la signèrent.

« Mon Révérend Père,

« *Pax Christi.*

« Nous sommes peut-être sur le point de répandre
« notre sang et d'immoler nos vies pour le service
« de notre bon maître Jésus-Christ. Il semble que
« sa bonté veuille accepter ce sacrifice de moi pour
« l'expiation de mes grands et innombrables pé-
« chés, et pour couronner dès cette heure les ser-
« vices passés, et les grands et enflammés services
« de tous nos Pères qui sont ici.

« Ce qui me donne la pensée que cela ne sera
« pas, est, d'un côté, l'excès de mes malices passées,
« qui me rendent du tout indigne d'une si signalée
« faveur, et d'autre côté, parce que je ne crois pas
« que sa bonté permette qu'on fasse mourir ses
« ouvriers, puisque, par sa grâce, il y a déjà quel-
« ques bonnes âmes, lesquelles reçoivent ardem-
« ment la semence de l'Evangile, nonobstant les
« médisances et persécutions de tout le monde
« contre nous. Mais d'ailleurs, je crains que la di-
« vine justice, voyant l'opiniâtreté de la plupart de
« ces barbares en leurs folies, ne permette très-
« justement qu'ils viennent à ôter la vie du corps
« à ceux qui de tout leur cœur souhaitent et pro-
« curent la vie de leurs âmes.

« Quoi qu'il en soit, je vous dirai que tous nos

« Pères attendent le succès de cette affaire avec un
« grand repos et contentement d'esprit. C'est pour-
« quoi je puis dire à Votre Révérence avec toute
« sincérité, que je n'ai pas eu encore la moindre ap-
« préhension de la mort pour un tel sujet. Mais
« nous sommes tous marris de ce que ces pauvres
« barbares, par leur propre malice, bouchent la
« porte à l'Evangile et à la grâce.

« Quelque conclusion qu'on prenne et quelque
« traitement qu'on nous fasse, nous tâcherons avec
« la grâce de Notre-Seigneur de l'endurer patiem-
« ment pour son service. C'est une faveur singulière
« que sa bonté nous fait, de nous faire endurer
« quelque chose pour son amour. C'est maintenant
« que nous nous estimons vraiment être de sa Com-
« pagnie. Qu'il soit béni à jamais de nous avoir,
« entre plusieurs autres meilleurs que nous, desti-
« nés en ce pays, pour lui aider à porter sa croix. En
« tout sa sainte volonté soit faite ! S'il veut que dès
« cette heure nous mourions, ô la bonne heure
« pour nous ! S'il veut nous réserver à d'autres tra-
« vaux, qu'il soit béni ! Si vous entendez dire que
« Dieu ait couronné nos petits travaux, ou plutôt
« nos désirs, bénissez-le ; car c'est pour lui que
« nous désirons vivre et mourir, et c'est lui qui
« nous en donne la grâce.

« Au reste si quelques-uns survivent, j'ai donné
« ordre de tout ce qu'ils doivent faire. J'ai été d'a-
« vis que nos Pères et nos domestiques se retirent

« chez ceux qu'ils croiront être les meilleurs. J'ai
« donné charge qu'on porte chez Pierre, notre
« premier chrétien, tout ce qui est de la sacristie,
« surtout qu'on ait un soin particulier de mettre
« en lieu d'assurance le dictionnaire, et tout ce que
« nous avons de la langue.

« Pour moi, si Dieu me fait la grâce d'aller au
« Ciel, je prierai Dieu pour eux, pour les pauvres
« Hurons, et n'oublierai pas Votre Révérence.

« Après tout, nous supplions V. R. et tous nos
« Pères, de ne nous oublier en leurs saints sacri-
« fices et prières, afin qu'en la vie et après la mort
« il nous fasse miséricorde.

« Nous sommes tous en la vie et à l'éternité,
 « de Votre Révérence,
  « très-humbles et très-affectionnés servi-
  « teurs en Notre-Seigneur,

   Jean de Brébeuf
   François-Joseph Le Mercier
   Pierre Chastelain
   Charles Garnier
   Paul Ragueneau.

« En la résidence de la Conception,
« A Ossossane, ce 28 octobre (1637).

« J'ai laissé en la résidence de Saint-Joseph les
« Pères Pierre Pijart, et Isaac Jogues, dans les
« mêmes sentiments. »

XIII

*Revirement. — Encore quelques menaces isolées. — Fon-
dation de Sainte-Marie. — Epidémie.*

Mais si tout était désespéré du côté des hommes,
il était toujours permis de compter sur l'assistance
du Ciel. C'est même quand tout semble humaine-
ment perdu, que Dieu aime à intervenir pour faire
voir que c'est de lui seul que vient le secours.

Toujours plein de résignation et de confiance, le
P. de Brébeuf a ouvert une neuvaine de messes à
saint Joseph, le premier protecteur de la mission. Il
dut sans doute à ce saint une pensée aussi hardie
que sage et qui fut comme la première lueur du
salut.

Il existait chez les peuples sauvages une coutume regardée comme sacrée. Tout homme qui allait mourir devait, avant de quitter la vie, inviter
ses parents, ses amis, ses bourreaux même, à son
Atrataïon, c'est-à-dire son festin d'adieu. C'était

une sorte de bravade de la mort et de défi jeté aux vivants de triompher de sa constance.

Se croyant à la veille de périr, le P. de Brébeuf crut devoir se plier à l'usage des sauvages, mais par des motifs bien différents. Il voulait leur montrer la charité chrétienne plus puissante que la haine et plus forte que la mort, et en même temps jusqu'où allait pour la Robe Noire le mépris de la vie, puisqu'elle se livrait elle-même à ceux qui méditaient de la lui ravir.

Les invités accoururent en foule, et la cabane se remplit de convives. Pendant le repas le rôle de l'amphitryon est d'ordinaire d'exalter sa propre valeur, et de faire un récit emphatique de ses exploits. Le discours du P. de Brébeuf ne respirait que dévouement et charité. Il publia bien haut la puissance du Grand Esprit, et l'avenir de bonheur ou de malheur qui nous attendait au delà de la vie.

Un silence lugubre accueillit ses paroles, aucun signe d'approbation, aucun rayon d'espérance. Puis la foule s'écoula peu à peu.

Restés seuls dans leur cabane, les Missionnaires attendaient avec résignation l'heure du sacrifice. Un jour, deux jours se passent, sans qu'elle sonne. Aucun signe d'hostilité ne se renouvelle. On dirait les haines éteintes et les cœurs calmés. Cette tempête si furieuse, qui semblait présager les plus grands malheurs, s'apaisa en effet, comme par

enchantement. « Nous en sommes émerveillés
« nous-mêmes, écrit le P. Le Mercier, quand nous
« considérons dans quel état étaient nos affaires, il
« n'y a que huit jours... Les sauvages s'en éton-
« nent entre eux avec raison. »

C'était l'œuvre de Dieu que cette merveilleuse
délivrance de ses serviteurs, mais aussi ceux-ci
s'étaient montrés dignes de sa protection. L'historien protestant Parkman en fait ce bel éloge :
« Dans les nombreuses Relations de cette lugubre
« époque, on ne trouve pas une ligne qui donne
« occasion de soupçonner qu'un seul homme de
« cette troupe fidèle ait fléchi ou hésité. L'éner-
« gique Brébeuf, le doux Garnier, le patient
« Jogues, l'enthousiaste Chaumonot, les Le Mer-
« cier, Chastelain, Ragueneau, Pijart, tous mon-
« traient une froide intrépidité, qui étonnait les
« sauvages et imposait le respect. »

Un phénomène naturel, mais qui paraissait tenir du prodige aux yeux de ces hommes ignorants
et légers, acheva de rétablir les affaires des Missionnaires, et leur rendit, pour un temps du moins,
leur autorité première. Le 31 décembre 1637, la
lune s'éclipsa. Les Missionnaires avaient annoncé
le phénomène et en avaient donné d'avance tous
les détails, indiquant sa durée, son commencement, son progrès et sa fin. Tout ce qu'ils avaient
prédit s'étant vérifié de point en point, les sauvages demeurèrent stupéfaits, et admirant une

science capable de découvrir de pareils secrets, ils s'imaginèrent que les Missionnaires avaient des relations avec des puissances supérieures ; ce qui les rendait redoutables et en même temps très dignes de respect à leurs yeux.

Ils en donnèrent les premiers témoignages au P. de Brébeuf. Rien de plus juste ; il avait été le premier à la peine et au danger. Quelques capitaines l'avaient appelé à un de leurs conseils, et ils lui laissèrent la liberté de parler à son gré de la religion. Puis en signe de leur confiance et de leur estime, ils lui donnèrent le titre et le rang de capitaine, honneur le plus flatteur que pussent accorder des sauvages.

Le ciel, devenu serein, ne resta pas tellement pur qu'il n'ait pas été obscurci à plusieurs reprises par des nuages. La paix fut encore troublée de temps en temps. Sans être continuelles, les menaces n'avaient pas cessé, et les dangers de mort se renouvelèrent dans des cas isolés.

Un jour, un sauvage d'Ossossane, très-jeune encore, poussé par je ne sais quel instinct féroce, se jette inopinément sur le P. Duperon, le renverse, et saisissant son tomahawk allait le frapper, quand une femme lui saisit le bras, et l'empêcha de consommer son crime.

Menacé à son tour, le P. Ragueneau dut son salut à son admirable sang-froid. Un sauvage avait aperçu une petite tête de mort aux pieds du crucifix que portait le Missionnaire sur la poitrine. Prenant cet objet pour un sortilége, il le lui arrache avec fureur. Le Missionnaire cherchant à le reprendre, le sauvage jette sur lui un terrible regard, et brandissant sa hache au-dessus de sa tête, il menace de le frapper. Le Missionnaire s'arrêta immobile devant ce furieux, attendant sans sourciller le coup de la mort. Cette ferme attitude retint le bras du misérable, qui se retira en murmurant, mais vaincu par tant d'intrépidité.

Aussi grande et aussi heureuse fut l'énergie que montra le P. Le Mercier dont nous avons déjà parlé. Il était au milieu des sauvages, dans une cabane du village de Saint-Louis, quand un des capitaines les plus influents entre tout à coup, et accable le Missionnaire de reproches et d'injures. Celui-ci ne répond pas un mot. L'autre, dont la fureur allait croissant, saisit un tison enflammé, et le jette à sa figure, avec cette menace : « Tu périras par le feu. » Sans s'émouvoir le P. Le Mercier jette sur cet insolent un regard si plein de bonté et de compassion, qu'il désarme sa fureur, et le contraint à se retirer silencieux et confus.

Le P. Chaumonot fut moins heureux, sans cependant succomber. Il avait été administrer le baptême à une femme mourante du village de Saint-Michel. Au moment où il sortait de la cabane, le frère de la malade, qui s'était caché derrière la porte, le frappa avec une pierre à la tête. Ce coup

fît chanceler le missionnaire sans le renverser ;
mais le meurtrier levant son tomahawk se disposait à achever sa victime, quand les assistants accoururent, et sauvèrent le Père.

Ces tempêtes passagères n'avaient pas empêché
les Missionnaires de continuer l'étude de la
langue, et le P. de Brébeuf de mettre la dernière
main à son dictionnaire et à sa grammaire. Ces
deux ouvrages furent d'un très-grand secours pour
ses frères. Sept d'entre eux étaient déjà capables
de se faire comprendre. Pour aider leur travail le
P. de Brébeuf avait composé un certain nombre
d'instructions en huron, qu'ils apprenaient par
cœur pour les donner aux néophytes.Il les exerçait
surtout à se rendre familier le petit catéchisme du
P. Lédesma qu'il avait traduit.

Les mauvais jours qui venaient de s'écouler, n'a-
vaient pas permis au P. de Brébeuf de réaliser son
projet de transférer ailleurs la résidence d'Ihonatiria. Celle qu'il avait établie à Ossossane, et où se
passèrent les scènes terribles dont nous avons
parlé, ne pouvait pas suffire. Il avait jeté les yeux
sur Teanaustayae, le plus considérable du pays, et
au printemps de 1635, l'heure lui parut venue de
faire ce changement. Le nouveau village s'était
longtemps montré acharné contre la foi, et de son
sein étaient sorties de bien noires calomnies et les
projets les plus criminels contre les Missionnaires ;
mais le P. de Brébeuf y comptait quelques amis

très-dévoués et très-influents. Il donna à la nouvelle résidence le nom de Saint-Joseph, retiré à Ihonatiria.

Il se présenta hardiment à la première assemblée des capitaines, et leur fit part de sa résolution. Non-seulement elle fut accueillie favorablement, mais on lui promit une cabane. La cabane du brave Etienne Totiri, qui devait plus tard être le compagnon de captivité et de souffrances du P. Jogues, en tint d'abord lieu. C'est chez lui que le 25 juin, la divineVictime fut offerte pour la première fois.

La semence évangélique produisit de suite des fruits. Dès cette année, cette Église naissante put compter de fervents néophytes. Ils voulurent même devenir apôtres. On en voyait plusieurs prêcher eux-mêmes la foi à leurs compatriotes, et partager les travaux et le zèle des Missionnaires.

Ce furent cependant des étrangers qui devinrent les prémices de ces succès. Il y avait alors dans ce village plusieurs prisonniers Iroquois, destinés à passer par les horreurs du supplice. Les Missionnaires voulurent commencer par eux leur ministère, et Dieu eut cette offrande pour agréable. Sa grâce disposa le cœur de onze d'entre eux, et il leur ouvrit par le baptême son Paradis.

La fondation de la résidence de Teanaustayae fut le dernier acte important de l'administration du P. de Brébeuf. Le P. Jérôme Lalemant qui

venait d'arriver aux Hurons, le remplaça comme
supérieur le 26 août 1638. Pour lui il fut nommé
Père spirituel de la communauté, mais sans cesser
d'être l'homme important de la mission. Il l'avait
commencée avec deux de ses frères. Aujourd'hui
elle comptait neuf missionnaires, les Pères de Brébeuf, Le Mercier, Chastelain, Garnier, Jogues,
Ragueneau, Fr. Dupéron, Le Moyne et enfin le
R. P. J. Lalemant qui venait gouverner cette héroïque phalange. Chacun d'eux avait reçu son
nom huron, sous lequel il était connu des sauvages.
C'est leur usage pour éviter des difficultés de prononciation, ou pour rappeler soit une belle qualité,
soit un événement mémorable.

Le P. Lalemant distribua les missionnaires en
deux bandes, cinq restèrent à Ossossane, et quatre
furent fixés à Teanaustayaé avec le P. de Brébeuf
à leur tête. Celui-ci desservait en même temps
les deux villages voisins, Saint-Michel et Saint-
Ignace.

Le P. Lalemant eut l'heureuse idée de faire vers
cette époque le dénombrement du pays des Hurons,
et d'en dresser la carte. Le moment de l'automne
était favorable. Tous les sauvages rentrent alors
dans leurs foyers. Envoyés deux à deux, les Missionnaires parcoururent tout le pays en comptant
les villages et leurs habitants, et en faisant la topo-
graphie des lieux. A leur retour on réunit tous ces
documents, et il en résulta que le pays des Hurons

comprenait alors trente-deux villages et comptait environ douze mille habitants. C'était à peine le tiers du nombre que les Français avaient trouvé quarante ans auparavant, lorsqu'ils avaient mis le pied dans ces contrées; mais les guerres continuelles et sanglantes, et les épidémies meurtrières dont nous avons dit quelque chose, avaient décimé la population. Quant aux observations géographiques elles servirent à former une carte (1) qui malheureusement n'est pas arrivée jusqu'à nous. Les principaux villages reçurent en même temps des noms de Saint, pour leur donner un protecteur dans le Ciel, et les préparer ainsi à recevoir avec les lumières de l'Évangile les terribles épreuves qui devaient fondre sur eux.

Cependant après l'essai de fondation des deux résidences d'Ossossane et de Teanaustayae, les Missionnaires s'aperçurent bientôt que cette division ne répondait pas à leurs espérances ni à leurs besoins. Ils songèrent en 1639 à former une seule résidence, mais isolée des villages sauvages, et dans une position centrale et complétement indépendante. Ils seraient là à l'abri des importunités des sauvages; ils pourraient plus facilement se

___

(1) Cette carte a peut-être servi à celle qui porte la date de 1660, et qui fut dressée pour l'ouvrage du P. Ducreux. (*Historia canadensis*). Quoique tracée sans échelle et avec de grandes altérations dans les noms, elle est précieuse pour reconnaître la position relative des principaux villages.

concerter sur les mesures à prendre. Ceux dont les forces auraient trahi le courage, y trouveraient un lieu de repos, et ceux qui voulaient se retremper dans la retraite une tranquille solitude.

Le cardinal Richelieu ne se contenta pas d'applaudir à cette résolution, il l'appuya très-efficacement par une somme considérable destinée à faire de cette résidence un poste fortifié, à l'abri des invasions fréquentes et imprévues des Iroquois.

Il existait au nord-est de la presqu'île huronne, sur les bords de la rivière Wye, un terrain solitaire que sa position rendait très-propre au plan projeté. Un vaste enclos rectangulaire fut tracé et garni de pieux serrés qui lui servaient de première défense. Ils protégeaient quelques champs cultivés et le lieu de sépulture des chrétiens. Des croix avaient été plantées aux quatre angles.

Au centre s'élevait un fort bastionné qui comprenait la résidence des Missionnaires, celle des Français et la chapelle. Le tout reçut le nom de *Résidence Sainte-Marie*.

Les ruines de cette construction française se voient toujours au milieu de la forêt. Nous en avons levé les plans en 1859. La partie régulière du fort bâtie en pierre s'élève encore à 1^m,50 au-dessus du sol. Les fossés qui conduisaient à la rivière et qui servaient comme de port aux canots sauvages, sont faciles à reconnaître. Le vaste

redan qu'on voit au sud, a aussi des traces d'un
parapet en terre le long du fossé. Mais la maison
d'habitation dans l'enceinte du fort devait être en
bois, et laisse à peine quelques ruines de sa cheminée.

Cette résidence venait à peine de se former
qu'un nouvel orage éclata tout à coup contre les
Missionnaires. Voici comment il se forma. Quelques Hurons, revenant de Québec à la fin de l'été,
s'étaient arrêtés sur leur route au milieu d'une
troupe d'Algonquins, parmi lesquels régnait la
petite vérole. Un d'eux la prit, et à peine arrivé
au village de Sainte-Anne, à quatre kilomètres de
Sainte-Marie, il y mourut; mais le mal ne dis-
parut pas avec lui. Il frappa tour à tour tous ses
parents, qui succombèrent. En vain les Missionnaires conseillèrent-ils aux sauvages d'isoler la
maladie afin de circonscrire le mal et d'arrêter ses
progrès. Ceux-ci n'en tinrent aucun compte; en
sorte que gagnant de proche en proche le mal
envahit tout le village, s'étendit aux villages voisins, et bientôt tout le pays devint sa proie.

N'ayant pu arrêter le fléau par leurs avis, les
Missionnaires cherchèrent à le conjurer par leurs
soins. Ils se multiplièrent auprès des victimes.
Aucune, si rebutante qu'elle fût, ne les décou-
ragea : mais de la part des sauvages les précautions
les plus élémentaires ne secondant pas ce zèle,
le grand nombre des malades succombait.

Les conseils des Missionnaires avaient été reje-
tés, leur dévouement faillit les perdre. « Le mal,
« disait-on, est sorti du village voisin du leur : ils
« sont donc les auteurs du fléau. Ils vont partout
« sans être jamais atteints eux-mêmes. Ce qui
« nous frappe les respecte. A coup sûr ils portent
« la maladie avec eux, et la répandent partout où
« ils passent : il faut les massacrer. » Ce fut le cri
général.

A ce cri succéda la menace, secrète d'abord,
mais bientôt ouverte. On ne s'en tint pas là : on en
vint aux coups. « Des sauvages, écrit le P. J. La-
« lemant, sont entrés dans nos cabanes la hache à
« la main, comme pour frapper quelqu'un. Ils ont
« abattu les croix qui les dominent. Ils ont attendu
« les Missionnaires sur les chemins, pour les tuer
« sans être vus. Quelques-uns ont arraché de nos
« mains le crucifix que nous portions dans nos
« visites aux malades, et ont frappé à coups de
« bâton ceux qui voulaient conférer le baptême.
« Cependant notre sang et nos vies n'ont pas en-
« core été répandus pour celui à qui nous devons
« tout. » Belle parole qui, dans sa simplicité, témoigne hautement du calme intrépide et du zèle
ardent de ces généreux apôtres.

Le P. de Brébeuf eut sa grande part dans ces
nouveaux assauts de l'enfer. Il était avec le P. Chastelain à Teanaustayae, où la persécution fut encore
plus violente qu'ailleurs. Il vit voler les pierres

sur lui, et il reçut plusieurs fois des coups de bâton. Loin d'arrêter son zèle les mauvais traitements ne faisaient que l'enflammer. Son dévouement n'avait plus de bornes. « Il ne négligeait, « écrit le P. J. Lalemant, aucun moyen d'assister « le corps et l'âme de ses sauvages. Il est allé sou- « vent jusqu'à s'ôter le morceau de la bouche. Sa « charité est d'autant plus précieuse aux yeux des « Anges, qu'elle n'a été jusqu'à présent récompensée « que par l'ingratitude... Depuis peu il a été indi- « gnement traité et battu avec outrage dans le « village même. »

Il termine cet éloge en révélant la cause de cet acharnement particulier. « C'est lui qui, dans l'es- « prit des sauvages, passe pour le plus grand sor- « cier des Français, et la cause de tous les malheurs « qui ruinent le pays. »

Tel fut le P. de Brébeuf pendant cette rude tourmente, toujours le premier à la peine. Dieu soutenait son courage par la grâce et par les bénédictions qu'il donnait à ses œuvres. Il eut la joie de conférer plusieurs baptêmes, et de voir plusieurs de ses néophytes défendre généreusement la foi, et montrer une constance héroïque.

Ce fut au milieu de ces épreuves bien dures, mais qui ne furent pas sans fruits, que se passa l'année 1640.

Après l'hiver, Dieu qui avait amassé les nuages, les dissipa. Le calme fut rendu pour quelque

temps à cette terre désolée, et les Missionnaires
purent reprendre librement leurs travaux apostoliques. Ils songèrent même à en étendre le
théâtre.

XIV

Nouvelle mission du P. de Brébeuf dans le pays de la Nation Neutre. — Abandon à la Providence. — Dangers et souffrances. — Chute.

Les Hurons étaient liés d'amitié et d'intérêt avec deux nations voisines, la *Nation du Petun* ou les *Kionnontateronnons,* et la *Nation Neutre* ou les *Attikaderonnons.* La première avait déjà reçu la visite des Missionnaires l'année précédente ; elle était donc un peu connue. La seconde, visitée en 1624 par le P. Récollet Joseph de la Roche d'Aillon, avait été abandonnée peu après. C'était un sol tout à fait nouveau à exploiter ; comme elle offrait de grandes difficultés, cette mission fut confiée au P. de Brébeuf, comme au plus vaillant. Le champ était vaste ; il s'étendait depuis le pays des Hurons jusqu'à celui des Iroquois, dont il n'était séparé que par la fameuse chute du Niagara, et occupait toute la côte nord du lac Erié. Cette nation comptait quarante villages et douze mille

âmes. On y trouvait les mêmes préjugés superstitieux, les mêmes croyances vaines, les mêmes
mœurs, les mêmes habitudes que chez les Hurons.
C'était à peu de chose près le même peuple. Les
langues ne différaient pas sensiblement. Celle-ci
n'était que le dialecte de l'autre. Mais le voisinage
immédiat des Iroquois, les éternels ennemis des
Hurons et finalement leurs destructeurs, rendait
l'apostolat dans cette contrée plus dangereux. Le
théâtre était digne de l'apôtre. On lui adjoignit le
P. Chaumonot, nouveau venu de France, mais qui
donnait les plus belles espérances.

Vers les premiers jours de novembre de l'année
1641, le P. de Brébeuf et le P. Chaumonot quit-
taient le dernier village huron, pour entrer sur les
terres de la Nation Neutre. Ils étaient accompagnés
de deux serviteurs dévoués, qui semblaient s'occu-
per du commerce pour donner le change sur les
intentions de leurs maîtres. Un coup du Ciel les
tira d'un cruel embarras, au moment de leur départ.

Les deux interprètes qui s'étaient engagés à les
conduire, manquant à leur parole, les laissèrent
brusquement. On vit alors quel était l'abandon du
P. de Brébeuf à la divine Providence, et en même
temps quel soin elle prend de ceux qui se con-
fient en elle. Sans s'émouvoir ni s'inquiéter le bon
religieux se met à genoux, et fait une prière à
Dieu. Puis il se relève plein de résolution, et va

s'adresser au premier jeune homme qu'il rencontre, en l'invitant à leur servir de guide. Celui-ci qui ne les connaissait pas, consentit sans hésiter, et se mit aussitôt en route avec eux.

Le voyage était hérissé de difficultés. Il fallait traverser des forêts épaisses, dans des chemins à peine tracés, le plus souvent couverts de broussailles et de branches d'arbres, et entrecoupés de marais fangeux ou de cours d'eau, qui n'offraient d'autres ponts que des troncs d'arbres renversés. D'asile pour la nuit, il n'y fallait pas compter dans ces solitudes. La nourriture consistait dans un peu de blé d'Inde que les Missionnaires emportaient avec eux, et qu'ils faisaient griller. Mais enflammés comme ils l'étaient de l'amour des âmes, toutes ces difficultés leur paraissaient légères! Ils se sentaient protégés du Ciel qui leur accordait même des faveurs singulières. C'est ainsi qu'un jour au moment où le P. de Brébeuf terminait son oraison en marchant, Dieu lui fit voir une troupe d'esprits célestes, qui le précédaient et l'invitaient à s'avancer avec confiance. Ce bienfait signalé se renouvela, et le P. de Brébeuf en garda toujours un consolant souvenir. Pour en perpétuer la mémoire, il voulut que la nouvelle mission prit le nom de *Mission des Saints-Anges*.

Après cinq jours passés ainsi dans des fatigues extrêmes, mais aussi au milieu des consolations les plus douces, les voyageurs atteignirent, le 7 novembre, le premier village de la Nation Neutre. Il portait le nom de *Kandoucho*, qu'ils changèrent en celui de *Village de tous les saints*, en l'honneur de la fête de la Toussaint dont ils faisaient l'octave.

L'arrivée avait été difficile, le séjour va l'être davantage, et finira par devenir impossible. Pour s'aboucher avec les capitaines de la nation il leur fallut pénétrer plus avant dans le pays. Mais avant même cette visite, les hostilités contre les nouveaux venus avaient commencé. Leur réputation les avait devancés; Echon surtout dont le nom était si populaire chez les Hurons, était déjà connu comme un sorcier habile et un ennemi dangereux.

Par malheur les Missionnaires venaient de renvoyer les deux domestiques fidèles, qui servaient à donner le change sur leur intention. Le voile du commerce ne couvrait plus leur venue. « Que vou- « laient-ils, disait-on ? évidemment la ruine de la « nation. »

Cette noire calomnie se répandit bientôt de tous côtés, portée qu'elle fut par la colère et la haine de deux Hurons idolâtres, qui parcouraient le pays. Peu contents de parcourir les cabanes, ils parurent dans les assemblées des anciens, et afin de donner plus d'autorité à leur parole, ils l'appuyèrent par l'offrande de plusieurs haches de fer, présent toujours d'un grand prix pour des sauvages. Ils semèrent ainsi des soupçons et des craintes dans les cœurs. Tout devint suspect et menaçant dans les

Missionnaires. — « Que signifiait leur costume
« étrange? — Et ce genre de vie inoui chez les
« sauvages? — Ne cachent-ils pas quelque noir
« dessein? — D'ailleurs ils portent des instruments
« de magie. Qu'est-ce autre chose, ce bréviaire, ce
« crucifix, ce chapelet qu'on voyait sur eux? Quoi
« de plus mystérieux que l'écriture qu'ils em-
« ployaient et le papier qui parlait sans rien dire?
« Pourquoi ces prières à genoux? N'est-ce pas
« l'attitude d'un sorcier? »

Ces pensées et mille craintes semblables agi-
taient tous les esprits. On évitait la rencontre de
ces hommes de Dieu. On tremblait qu'ils ne missent
le pied dans une cabane. A les voir, disait-on, les
enfants tombaient malades et les femmes devenaient stériles; la peste suivait leurs pas. Si par
respect pour les lois de l'hospitalité, si sacrée et si
inviolable chez les sauvages, on n'osait pas les
chasser de la cabane où ils entraient, ses habitants
étaient saisis de terreur; la paix n'y régnait plus.
On ne touchait plus aux objets qui leur avaient
servi. Leurs présents mêmes étaient suspects, et
passaient pour des gages de malheur. On redoutait
jusqu'à leurs traces. Les routes où ils avaient passé
étaient regardées comme infectées, et les ruisseaux
où ils avaient bu comme empoisonnés. L'alarme
et l'effroi régnaient partout.

A la vue de cette consternation générale, les capitaines tinrent conseil pour décider du sort de ces

deux étrangers. Le P. de Brébeuf qui avait l'usage
de ces assemblées, se présenta hardiment. Fort de
la bonté de sa cause et du secours du Ciel qu'il
avait imploré, il voulait leur exposer son but, et
obtenir le droit de prêcher l'Évangile. Son premier
acte, selon l'usage, fut d'offrir un collier de porcelaine pour prévenir en sa faveur. « Nous ne vou-
« lons pas de tes présents, s'écria brusquement
« un orateur ; il faut que tu quittes le pays. — Ne
« sais-tu pas, ajouta un autre, le danger que tu
« cours. On veut ta mort. Nous savons ce que tu
« as fait de mal aux Hurons. Nous ne voulons pas
« que tu nous traites comme eux. »

L'homme de Dieu voulut parler, mais en vain ;
les cris, les menaces des capitaines lui coupaient
sans cesse la parole. Après d'inutiles essais, et
voyant qu'il n'y avait rien à gagner, il se retira
dans la cabane où il avait demandé l'hospitalité.
Là son compagnon et lui se préparèrent à la mort
qui leur paraissait inévitable : mais le Ciel veillait
sur eux, et les arracha cette fois encore à un péril
certain. Le P. de Brébeuf reçut de cette protection
un avertissement mystérieux. Comme il achevait
l'examen qui termine la journée, et se disposait à
prendre un peu de repos, il vit devant lui un
spectre hideux. Son regard était farouche. Il tenait
à la main trois javelots dont il menaçait les deux
missionnaires. Il les lança en effet contre eux l'un
après l'autre. Mais au lieu d'atteindre leur but, les

javelots tombèrent à leurs pieds, comme si une main invisible les eût arrêtés. Cette image le remplit de consolation, et il s'endormit plein d'espérance.

Cependant l'assemblée des capitaines s'était prolongée bien avant dans la nuit. Trois fois la mort des Missionnaires fut décidée ; trois fois la sentence fut rapportée. Enfin contre toute attente quelques capitaines ayant donné en faveur des Missionnaires des raisons d'état qui parurent graves, leur avis l'emporta, et ils furent sauvés.

L'hôte des accusés, qui assistait au conseil, accourut aussitôt pour porter cette bonne nouvelle aux Missionnaires. Grand fut son étonnement de les trouver plongés dans un sommeil profond, incapable qu'il était de comprendre une pareille tranquillité d'âme dans des circonstances si critiques. Il les réveilla aussitôt, et le P. de Brébeuf eut par son récit l'intelligence de sa mystérieuse vision. Remplis de reconnaissance ils se mirent à genoux, pour rendre grâces à Dieu de les avoir si paternellement gardés.

Les Missionnaires avaient donc la vie sauve, mais ils le devaient plus à la crainte qu'à la bienveillance.

S'ils étaient rassurés contre le coup de la mort, ils ne l'étaient pas contre les calomnies et les soupçons. Ceux mêmes qui avaient protégé leur vie devant le conseil, étaient les premiers à les répandre.

Ce n'était pas tant pour entretenir la haine contre eux, que pour les forcer enfin à quitter eux-mêmes le pays. Ceux-ci n'en firent rien. Enhardis par les conclusions de l'assemblée, ils poursuivirent courageusement leur œuvre. Ils parcoururent dix-huit villages, et s'arrêtèrent dans dix. Un seul, le village de Kioeta, qu'ils surnommèrent Saint-Michel, leur fit un accueil favorable.

A Onguiara, village sur la rivière qu'on nomme aujourd'hui Niagara, sur les confins du pays près des Iroquois, ils furent accablés d'injures, et accusés d'être venus préparer avec les Iroquois la ruine du pays. Toutefois on ne leur fit aucun mal.

Dans un autre village ils faillirent périr. C'était dans la rude saison. Le froid était très-rigoureux. Après avoir cherché inutilement un asile pour la nuit, ils usèrent de ruse. Ils se blottirent près de la porte d'une cabane, dans l'intention d'y entrer aussitôt qu'elle s'ouvrirait. Un sauvage vint à sortir, aussitôt nos Missionnaires, forts des lois de l'hospitalité, pénètrent dans l'enceinte. Les habitants sont saisis d'épouvante, mais sans oser leur faire résistance. L'alarme se répandit bientôt dans tout le village. De tous côtés on accourt; les uns par curiosité, les autres pour prêter main-forte. Mais comment faire sortir ces audacieux visiteurs? Personne n'ose mettre la main sur eux. Cependant les vieillards s'enhardissent et les pressent de sortir, d'abord par leurs reproches et bientôt par leurs menaces. Les jeunes gens s'impatientent et semblent se préparer à en venir aux dernières extrémités. « Je suis las, disait l'un, de manger la chair « noire de mes ennemis, je serais heureux de goû- « ter la chair blanche des Français. » Un autre plein de fureur saisissait son arc et ses flèches, et faisait le mouvement pour percer le cœur des Missionnaires. Voulait-il seulement les effrayer, ou Dieu qui protége les siens arrêta-t-il son bras? Toujours est-il que son arme s'abaissa tout à coup, et qu'il se retira comme honteux de son action.

Pendant ces tristes scènes, le P. de Brébeuf ne perdait rien de son calme et de sa bonté. « Je ne « viens au milieu de vous, leur disait-il, que pour « votre bien. Je veux vous apprendre à servir le « Maître de la vie, et à être heureux dans ce monde « et dans l'autre. »

Tant d'intrépidité et de douceur triomphèrent de ces natures grossières, et les sauvages finirent par admirer cet héroïsme. Peu à peu ils s'enhardirent, s'approchèrent des Missionnaires, leur parlèrent et voulurent voir et toucher les objets français. Ceux-ci se prêtèrent volontiers à satisfaire leurs caprices d'enfants.

Le P. Chaumonot raconte dans une de ses lettres l'expérience qu'ils voulurent faire de l'écriture, qui était pour eux quelque chose de si mystérieux. « Le P. de Brébeuf, dit-il, sortit de la cabane assez « loin pour ne pas pouvoir nous entendre. Un des

« témoins me dicta à très-basse voix les paroles
« suivantes : Je vais à la chasse, — je trouve un
« chevreuil, — je prends une flèche dans mon car-
« quois, — je bande mon arc, — je tire, et du pre-
« mier coup j'abats ma proie, — je la charge sur
« mes épaules, — je l'apporte à ma cabane et je
« fais un festin à mes amis. »

« Le P. de Brébeuf est rappelé. Il prend le pa-
« pier, et lit aussitôt mot pour mot tout ce qu'on
« m'avait dicté. A cette lecture les assistants je-
« tèrent un grand cri d'admiration. Ensuite ils
« prirent le papier, et après l'avoir bien tourné et
« retourné, ils se disaient entre eux : Où est donc
« la figure qui représente le chasseur ? Où le che-
« vreuil est-il peint ? Où sont marquées la chaudière
« et la cabane du festin ? Nous ne voyons rien de
« tout cela, et pourtant l'écrit l'a dit à Echon. »
Ne dirait-on pas une troupe de grands enfants qui
passent soudain des cris de mort aux cris d'admiration, et dont la haine se transforme sans transi-
tion en familiarité ?

Ils se montrèrent toutefois constants sur un point,
ce fut au regard de la foi. Les Missionnaires ne
purent rien gagner. A peine obtinrent-ils qu'on
leur laissât baptiser quelques enfants en danger de
mort. Mais à l'insu des parents ils parvinrent à
en régénérer un grand nombre, qui moururent
presqu'aussitôt. C'étaient autant d'anges pour le
Ciel.

Quatre mois s'écoulèrent dans cet apostolat ouvert dans la haine et continué dans l'admiration, mais en définitive peu fécond en fruits, et ce qui est plus triste, sans grandes promesses d'avenir. Le P. de Brébeuf crut que dans les desseins de Dieu l'heure de grâce pour ce peuple n'avait pas encore sonné, et qu'il fallait attendre des jours meilleurs. Il se décida à mettre fin à sa mission. Il repartit avec son compagnon dans les premiers jours de mars. La neige tomba tout à coup en si grande abondance qu'ils furent retenus malgré eux à Teatonguiaton, surnommé Saint-Guillaume. Contre leur attente, ils trouvèrent là l'accueil le moins attendu.

La maîtresse de la cabane où ils furent conduits par la main de Dieu, sembla avoir reçu mission du Ciel pour leur faire oublier, par ses soins empressés, les mauvais traitements de ses compatriotes. Ses attentions allaient jusqu'à la délicatesse. C'était le temps du carême. Ayant remarqué, sans en comprendre la raison, que ses hôtes ne mangeaient pas de viande, elle leur préparait pour eux seuls une portion de blé d'Inde et de poisson. Quand ils prenaient la nourriture commune de la cabane, elle choisissait toujours pour eux la meilleure part.

Cependant la neige tombait toujours. Pour profiter de ce loisir forcé, les deux Missionnaires complétaient leurs études sur la langue de ce peuple.

Leur hôtesse se prêtait admirablement à ce travail et prenait plaisir à satisfaire à toutes leurs questions. Elle leur dictait les mots syllabes par syllabes, les décomposait, et en montrait l'application dans des récits qu'elle leur donnait.

Elle voulut que ses enfants fussent comme elle à leur service. Ils ne partageaient en rien la crainte qui semblait dominer jusque-là tous ceux de leur âge. Loin de fuir ces hommes de Dieu ils s'en approchaient volontiers, ils aimaient à les entendre, et à l'exemple de leur mère ils leur rendaient toute espèce de bons offices. Elle fut même blâmée et injuriée par ses compatriotes, qui en vinrent jusqu'à une véritable persécution. Rien n'y fit, et pendant vingt-cinq jours que les Missionnaires passèrent heureusement sous ce toit, elle ne changea ni de sentiments ni de procédés. Cependant (chose triste à dire) cette femme si bonne, si dévouée n'ouvrit pas son cœur à la grâce, et ne donna pas aux pieux voyageurs la consolation que leurs cœurs appelaient de tous leurs vœux, de pouvoir l'admettre parmi les enfants de l'Église.

Parmi les faveurs que le ciel avait accordées au P. de Brébeuf pendant cette mission, il en est une dont il conserva un précieux souvenir. Elle semblait soulever devant lui le voile de l'avenir bien que d'une manière confuse et sans détails précis. Dieu lui montra un jour une croix énorme qui semblait venir du côté des Iroquois, et qui s'éten-

dait sur tout le pays des Hurons. Image mystérieuse des graves événements dont cette mission
devait être la victime quelques années après. Il en
prit surtout l'avertissement pour lui, et ayant laissé
échapper devant le P. Chaumonot quelque chose
de son secret, celui-ci le pressa de questions ; mais
sans pouvoir obtenir d'autre réponse que celle-ci :
« Cette croix est assez grande pour porter tous les
« Missionnaires des Hurons. »

Au repos bienfaisant qu'ils avaient trouvé dans
la cabane de Teatonguiaton, allaient succéder les
rudes épreuves du voyage pour le retour. La saison
était rigoureuse, mais aussi la plus favorable pour
voyager à pied. Les marais et les cours d'eau étaient
encore glacés, et la neige durcie sur les chemins
favorisait la marche. Cependant le froid devint très-
intense et fit beaucoup souffrir les voyageurs. « Il
« était si violent, écrit le P. Chaumonot, que nous
« entendions souvent les arbres craquer et se fendre
« avec fracas... mais nous avons marché coura-
« geusement et joyeusement, malgré le froid, la fa-
« tigue et des chutes sans nombre sur la glace ; ce
« dont mes genoux ont conservé bon souvenir. »

Une chute que fit le P. de Brébeuf eut des
suites très-graves. Elle fit trop éclater sa vertu pour
que nous n'en donnions pas le récit. C'était en tra-
versant un lac sur la glace vive. Le pied lui manqua, et la chute fut si violente qu'il resta longtemps
étendu à terre sans connaissance. Quand il eut

repris ses sens et qu'il se fût relevé à l'aide du
P. Chaumonot et d'un guide qu'on leur avait envoyé des Hurons pour le retour, il s'aperçut que la
clavicule gauche était cassée. Dans la situation
présente il n'était pas possible d'y porter remède.
Le long trajet qui restait encore à faire ne fut pour
le P. de Brébeuf qu'un douloureux martyre. Dans
les endroits escarpés qu'il failait quelquefois gravir
en se traînant sur la neige, on voyait le pauvre
blessé s'appuyer péniblement sur son bras droit.
Pour descendre les coteaux, il se laissait glisser
sur le côté plutôt que de s'exposer à faire un faux
pas. Témoin de ses cruelles douleurs que malgré
ses efforts il ne pouvait pas dissimuler entièrement
à ses compagnons, le P. Chaumonot fit d'inutiles
instances pour les soulager. Il lui proposa de le
placer sur un traîneau qu'il ferait glisser sur la
neige. L'héroïque serviteur de Dieu ne voulut jamais
consentir à ce qu'on lui rendît un pareil service,
et il trouva dans l'énergie de son caractère et de sa
mâle vertu, assez de force pour soutenir jusqu'au
terme cette rude épreuve.

Ce fut saint Joseph qui le ramena à Sainte-Marie. Les voyageurs y arrivèrent le jour de sa fête,
qui était celle de la mission. Leur présence ne fut
pas une des moindres joies de la journée. Pour
eux on peut dire que leur bonheur était au comble.
Ils retrouvaient leurs frères, leurs néophytes, leurs
sauvages, mais surtout il leur était donné après

quatre mois de privations de remonter au saint autel, et de se nourrir de la sainte Eucharistie, la plus grande consolation et le plus puissant soutien dans ce laborieux apostolat.

La fracture du P. de Brébœuf ne pouvait trouver aucun remède dans la mission ; il fallut l'abandonner à l'action de la nature. Pour la seconder et obtenir une prompte guérison, un repos absolu eût été nécessaire, mais l'inaction n'allait pas à cette âme ardente. Il préféra reprendre une partie de ses travaux accoutumés, sans se préoccuper de sa santé. Il y gagna dix-huit mois de souffrances, et aussi de mérites, jusqu'au moment où ses Supérieurs trouvèrent enfin la facilité de lui procurer un peu de repos pour se rétablir.

XV

Depuis 1639, la mission du Canada était gouvernée par un nouveau Supérieur, le P. Barthé-
lemy Vimont qui, du collége de Vannes où il était
recteur, vint remplacer le P. le Jeune à Québec. Il
manifesta au P. Jér. Lalemant, supérieur chez les
Hurons, le désir qu'il avait de bien connaître cette
mission importante et l'impossibilité où il était de
la visiter à cause de la distance. Celui-ci ne vit pas
de moyen plus efficace de répondre à son désir,
que de détacher un des Pères pour aller faire au
Supérieur général un rapport circonstancié sur
l'état de la mission. Tout semblait désigner le
P. de Brébeuf. Il l'avait fondée et gouvernée pendant
cinq ans. Il avait une connaissance complète de
ses besoins comme aussi du caractère et des mœurs
de ses habitants. Son courage (et il en fallait
pour ce voyage, ainsi qu'on le verra) était à l'é-

12

preuve. D'ailleurs il souffrait encore de sa fracture, et on espérait que les soins d'un homme de l'art pourraient lui apporter du soulagement.

Il s'embarqua vers la fin de l'été de 1641 accompagné du P. François Duperron, de quatre Français et de six sauvages. L'histoire nous a laissé le nom d'un de ceux-ci. C'était un jeune catéchumène d'Ossossane, fils de capitaine et capitaine lui-même. Il avait nom Tondatsa. Depuis les premières prédications du P. de Brébeuf il s'était attaché à lui autant par estime que par sympathie. Sa cabane était toujours ouverte au missionnaire, et quand tous le repoussaient, il était heureux de l'accueillir. Il lui avait permis de baptiser ses enfants. Lui-même désirait ardemment le baptême ; mais le P. de Brébeuf sévère presque à l'excès pour les adultes, comme nous l'avons vu déjà, différait toujours de satisfaire ses vœux. Loin de le refroidir ce retard ne faisait qu'enflammer l'ardeur du néophyte, et ses demandes devenaient de plus en plus pressantes. Tout à coup il apprit le départ du serviteur de Dieu pour Québec, il vint aussitôt s'offrir pour le conduire lui-même dans son canot; touchant témoignage d'affection et de dévouement qui allait lui mériter, au milieu des circonstances les plus solennelles, la faveur qu'il sollicitait.

Sa compagnie du reste était très-précieuse pour les Français, car le voyage était plein de dangers. Sans compter les difficultés de la route elle-même on avait à redouter les Iroquois, qui distribués en trois bandes étaient cachés en embuscade sur le fleuve, dans les passages les plus périlleux.

Conduit par le brave et habile Tondatsa ou plutôt protégé par le bras tout-puissant de Dieu, le convoi du P. de Brébeuf échappa à la dangereuse rencontre des ennemis, et arriva sain et sauf à Québec. Rien d'ailleurs de plus édifiant que ce voyage. Les heures y étaient réglées comme dans un couvent. Elles se partageaient entre le travail, la prière et l'instruction. Le P. de Brébeuf enseignait chaque jour la doctrine chrétienne. Le plus avide à l'écouter était toujours Tondatsa. Il se montrait aussi le plus ardent pour la prière, et plus d'une fois, dans le danger, on le vit s'armer le premier du signe de la croix.

L'heureux succès de ce voyage parut bien plus providentiel encore, quand on apprit le sort d'un canot de Hurons, qui suivait ce premier convoi à deux jours de distance. Tous les voyageurs étaient tombés entre les mains des Iroquois, et avaient été ou tués ou faits prisonniers.

A ce motif de reconnaissance se joignait pour le P. de Brébeuf la joie et la consolation de revoir ses frères de Québec, la ville qu'il avait vue à son berceau, et cette population française au milieu de laquelle il avait exercé son zèle. Après sept ans d'absence il y trouvait bien des changements. Il ne revoyait plus son brave et pieux gouverneur, l'illustre Champlain mort déjà depuis plusieurs années. Mais son successeur, le chevalier de Montmagny, modèle parfait d'honneur et de piété, se montrait en tout digne de le remplacer. Aux dons éminents de l'esprit il unissait les plus belles qualités du cœur. Il avait eu le tact, assez rare même dans un homme de mérite, de suivre les plans formés par son prédécesseur, et de s'attacher à compléter son œuvre. Les sauvages transformèrent son nom en le traduisant dans leur langue, et l'appelèrent *Onontio*, qui veut dire *grande montagne*.Ce nom devint depuis commun à tous les gouverneurs du Canada.

La ville commençait à s'étendre ; le plateau du Cap se couvrait peu à peu de gracieuses habitations et d'établissements utiles.

Les Jésuites étaient partagés en trois maisons, L'une était au sud sur les bords du grand fleuve à quatre kilomètres au-dessus de Québec, et que le P. de Brébeuf ne connaissait pas encore. Elle se nommait Saint-Joseph de Sillery, et devait sa fondation à l'illustre chevalier de Malte de ce nom. Cet homme, éminemment pieux, avait quitté depuis peu d'années la haute position qu'il occupait dans le monde, pour entrer dans l'état ecclésiastique. Une pensée de zèle le poussa à établir à ses frais une résidence qu'il confia aux Pères de la Compagnie. Il voulait y attirer les sauvages indigènes de langue algonquine, pour les instruire plus facilement dans la foi. Commencée en 1638 avec deux familles seulement, on en vit bientôt un grand nombre d'autres venir y « dresser aussi « leurs cabanes et demander à échanger leur vie « nomade contre une vie chrétienne et civilisée. » (*Rég. des baptêmes de Sillery*.)

La seconde résidence au nord de la ville était *Notre-Dame des Anges*, que connaissent nos lecteurs. Celle de Québec, la première en date, avait subi une transformation pendant l'absence du P. de Brébeuf. Au ministère pastoral les Jésuites avaient voulu en ajouter un autre, celui de l'éducation. Dès 1632 le P. le Jeune avait ouvert lui-même une petite école ; ce n'est qu'en 1636 qu'elle prit le nom de collége. Sa fondation était due à la générosité du marquis de Gamache. Ses commencements furent bien modestes, mais il avait la gloire d'être le premier collége de l'Amérique du Nord. Il précédait d'une année celui des Puritains de la Nouvelle-Angleterre, devenu célèbre sous le nom de collége Haward, près de Boston.

Plus tard en 1647 sur un terrain donné par la Compagnie des Cent associés, les Jésuites construisirent un édifice qui méritait enfin de porter le nom de collége. Il fut rebâti plus grandiose encore au commencement du siècle dernier, mais il devait changer de destination. Une fois maîtres du Canada les Anglais le transformèrent en caserne. Disons cependant à la gloire de leur esprit conservateur,

12.

qu'ils n'ont jamais fait disparaître les traces qui témoignent de sa destination primitive. Dans le tympan du couronnement de la porte d'entrée, comme dans la girouette qui domine tout l'édifice, l'œil du visiteur peut lire encore aujourd'hui le monogramme du nom de Jésus.

Tout modestes qu'ils étaient, ces premiers efforts en faveur de l'éducation remplirent de joie l'âme du P. de Brébeuf. Il voyait avec raison, dans la formation des jeunes générations, tout l'avenir de la colonie.

La joie ne fut pas moins grande en trouvant à l'œuvre les religieuses Ursulines et Hospitalières, amenées de France par le P. Vimont. Depuis quatre ans qu'elles étaient à l'œuvre, que de bien n'avaient-elles pas déjà fait, les premières dans leurs écoles, les secondes dans leur hospice? Les Ursulines étaient déjà entourées de petites filles françaises et sauvages à qui elles apprenaient avant tout à connaître et à aimer Dieu. Grande était la ferveur dans cette pieuse maison; il est vrai qu'elle avait pour supérieure la sainte et illustre Marie de l'Incarnation, qui mérita par les faveurs dont elle fut favorisée et les précieux écrits qu'elle a laissés, d'être appelée à bon droit la *Thérèse de la Nouvelle-France.*

Les Hospitalières avaient trouvé en arrivant un théâtre digne de leur dévouement. Les maladies épidémiques et surtout la petite vérole sévissaient

presque toujours parmi les sauvages et faisaient
de nombreuses victimes. Au moment où le P. de
Brébeuf aborda à Québec, la petite vérole avait
redoublé d'intensité et multipliait ses ravages. Le
bon missionnaire fut envoyé plusieurs fois pour
exercer là son ministère. Il se rendit utile et aux
malades et aux religieuses. Il sut leur inspirer un
zèle si ardent pour la conversion des sauvages, que
son passage a laissé parmi elles des traces ineffaçables
Les annales de la Communauté nous apprennent qu'à
son invitation les religieuses firent le vœu, qu'elles
renouvellent encore tous les ans, d'offrir chaque
mois une communion pour le salut des sauvages.
Nous verrons plus tard comment, même après
sa mort, le serviteur de Dieu fut l'instrument de
la Providence en faveur de cette excellente Communauté.

Cependant Tondatsa, le capitaine huron venu
avec le P. de Brébeuf à Québec, nourrissait toujours son désir du baptême. Tout ce qu'il venait
de voir à Québec n'avait fait que l'accroître encore.
Sa visite à la mission de Sillery y contribua puissamment. Il vit cette chrétienté toute composée de
sauvages, les uns déjà fervents chrétiens, les autres
se préparant au baptême, tous admirables par
leur foi. On y voyait bien quelques païens voyageurs, mais ils ne s'y trouvaient qu'en passant.
Telle était en effet la règle, établie par les capitaines eux-mêmes de la mission, que les étrangers

non chrétiens ne pouvaient pas y séjourner plus de trois jours.

La transformation, opérée par la religion dans des sauvages comme lui, ravit d'admiration le bon néophyte. « La vertu dans les Français, disait-il, « n'a rien qui m'étonne ; ils la connaissent depuis « longtemps. Mais voici mes semblables qui ont « vieilli dans l'erreur ; et dont les mœurs étaient « naguères les nôtres. Ils ont embrassé la foi chré- « tienne, et voilà qu'ils sont chastes, qu'ils affec- « tionnent comme des frères des hommes étrangers « à leur nation, qu'ils brisent avec leurs préjugés « et leurs anciennes habitudes, sans efforts, sans « regret et avec un courage que rien ne peut ébran- « ler. Quelle est donc la force de cette loi nou- « velle ? »

L'accueil si cordial et si généreux qu'il avait reçu des chrétiens à Sillery, le faisait soupirer avec plus d'ardeur que jamais après le jour où il pourrait les embrasser comme ses frères.

La vue des deux couvents des Ursulines et des Hospitalières, qui lui révélaient dans un sexe faible des vertus et des dévouements qu'il n'avait jamais connus, augmenta puissamment son admi- ration et son amour pour la foi.

Le bon Tondatsa n'y tenait plus. Chaque jour le voyait faire de nouvelles instances auprès du P. de Brébeuf pour obtenir le baptême. Il avait gagné l'estime et l'affection du gouverneur qui plaida lui-même sa cause, et voulut être son parrain. Les dispositions du néophyte n'étaient plus douteuses. Le P. de Brébeuf le reconnut sans peine, et il fut décidé qu'il recevrait le baptême dans la chapelle de Saint-Joseph de Sillery, en présence de tous les sauvages. Ils reçurent cette nouvelle avec des transports de joie.

La cérémonie eut lieu le 26 juin. Les Français étaient accourus de Québec en grand nombre. Aucun sauvage ne manquait à l'appel. Ils étaient curieux et fiers de voir ce capitaine, distingué dans sa nation, devenir comme eux un humble enfant de la foi.

Le P. Vimont, supérieur général de la mission, présidait la cérémonie. Au P. de Brébeuf appartenait l'honneur de faire les interrogations solennelles qui précèdent l'admission dans l'Église de Dieu. Le catéchumène y répondit résolument, en protestant bien haut qu'il voulait vivre et mourir en chrétien.

Le chevalier de Montmagny donna au nouveau chrétien le nom de *Charles*, qui était le sien, et aussitôt après le baptême il l'embrassa cordialement. Il lui dit en lui faisant présent d'une arquebuse : « Je me réjouis de te voir chrétien. « Garde bien la parole que tu as jurée à Dieu. Le « baptême te donne des armes contre les ennemis « invisibles ; celle-ci sera pour repousser les enne- « mis visibles qui te font la guerre. Tu exhorteras

« tes compatriotes à suivre ton exemple, et tu peux
« les assurer de ma protection. »

Le premier capitaine des sauvages de Sillery
prit à son tour la parole, et dit au néophyte : « En
« embrassant la prière des Français tu deviens
« vraiment notre frère. Nous n'avons plus qu'un
« père qui est dans les Cieux, et une mère la sainte
« Église. Tes amis sont nos amis et tes ennemis
« sont nos ennemis. Puisqu'Omontio t'a donné
« une arme à feu, tes frères te présentent de la
« poudre pour t'en servir ; » et il lui fit don d'un
sac à poudre.

Profondément ému, le bon Charles essaya une
réponse, et n'en trouva pas d'autre qu'une nouvelle
profession de sa foi, et des promesses de fidélité
inviolable. C'était bien la meilleure.

Cependant la fête, selon l'usage, devait se terminer par un festin, et le gouverneur voulut en faire
les frais. Charles y parut radieux au milieu de ses
frères, mais si tous les cœurs étaient contents, la
joie s'épanouissait plus vive encore dans celui du
P. de Brébeuf. Avoir régénéré dans le sang de
Jésus-Christ un chef de sa mission huronne, que
pouvait-il lui arriver de plus heureux ?

Cette mission restait toujours l'unique objet de
ses pensées, de ses projets, et de ses espérances,
avant qu'elle devînt sa couronne. Il attendait
impatiemment l'heure du retour, mais elle sonna
plus tard qu'il ne l'aurait désiré. Dans l'automne.

à l'époque où sont terminés les échanges des Hurons voyageurs, il les vit partir sans lui. Sa santé n'était pas encore suffisamment rétablie, et le P. Vimont désirait en même temps posséder le serviteur de Dieu pour s'éclairer de ses lumières, et aussi pour profiter de son ministère en faveur de quelques Hurons, qui allaient passer l'hiver à Québec. Il resta donc dans la colonie, partageant son temps et son zèle entre les Communautés religieuses, les chrétiens sauvages de Sillery et les Hurons de Québec.

Parmi ces derniers, deux sauvages se faisaient remarquer par leur rang et leur caractère, mais aussi par leur haine pour la foi, au progrès de laquelle ils avaient fait une forte opposition dans leur patrie. La grâce les attendait là. Ils étaient venus chercher des richesses périssables, elle leur ouvrit les trésors célestes, et changeant leurs sentiments de persécuteurs elle en fit des chrétiens fidèles. L'heureux instrument de ce changement fut le P. de Brébeuf. Il alla les voir. Sa parole pleine de douceur et de bonté pénétra dans leurs cœurs, et leurs yeux s'ouvrirent. Ils commencèrent par admirer les exemples de piété, de dévouement et d'héroïsme qu'ils voyaient depuis longtemps sans les comprendre, et bientôt ils demandèrent la grâce du baptême. Mais le P. de Brébeuf, dont la prudence égalait le zèle, mettait toujours des retards à leurs désirs. Ils subirent avec patience la longue épreuve. Ils n'en virent le terme qu'au 25 mars de l'année suivante 1642. Quand le grand jour arriva enfin, ils le saluèrent avec une joie d'enfants. Atondo, l'un d'eux, reçut au baptême le nom de Paul, et son compagnon OhanKouandoro, celui de Jean-Baptiste. Leur première communion suivit de près leur baptême. Elle eut lieu le jour de Pâques, et le chevalier de Montmagny, pour leur donner une plus grande marque d'intérêt et témoigner plus hautement sa foi, voulut communier entre eux deux. Il leur en donna peu de jours après un autre beau témoignage, quand ils le virent le jeudi saint, se mettre à la tête des principaux habitants de la ville pour laver les pieds des malades de l'Hôtel-Dieu, et les baiser avec respect comme les membres de Jésus-Christ.

Le P. de Brébeuf eut encore d'autres Hurons à préparer au baptême, mais nous n'en parlons que pour rappeler le concours admirable qu'il trouva dans un de ses anciens néophytes de la même nation. C'était Andeouarachen, qui avait reçu au baptême le nom d'Armand. Ce sauvage courut un jour un très-grand danger sur le lac Huron, et faillit périr. Dans cette extrémité l'image de l'Enfer s'était présentée à lui, et il fit vœu s'il échappait à la mort de mener une vie plus parfaite. Il se mit aussitôt à l'œuvre, et partit pour Québec. En abordant le P. de Brébeuf après sa messe, il lui dit : « Père, j'ai grande envie de bien faire, et j'y suis

« résolu, car je crains les feux qui ne s'éteindront
« jamais. Je veux demeurer toujours avec toi, et
« ne plus retourner aux Hurons. Il y a là-bas trop
« d'occasions d'offenser le bon Dieu. Mais je ferai
« comme tu voudras ; car je suis sûr que ce sera
« la volonté de Dieu. »

Le P. de Brébeuf l'accueillit avec bonté, et en
tira admirablement parti pour l'instruction et la
direction des néophytes. Il jugea quelque temps
après que sa présence au milieu de ses compatriotes serait d'un bien plus grand intérêt pour la
foi. Il le renvoya donc dans son pays, et pendant
dix-sept années qu'il vécut, ce bon chrétien fut
toujours un modèle de constance et de ferveur.

XVI

Cependant la haine mortell e que les Iroquois
portaient aux Hurons, devenait de jour en jour
plus menaçante. Les Missionnair es de Sainte-Marie
s'en alarmaient avec raison, non-seulement pour
leurs néophytes, mais aussi pour la mission, qui
manquait des objets de prem ière nécessité ; or il
devenait très-difficile de les faire venir de Québec.
Dans sa juste sollicitude le P. Jér. Lalemant
songea à détacher deux des Missionnaires pour
aller avertir le gouverneur français du danger, et
demander à ses fières de venir à leurs secours.

Le choix tomba sur le P. Jogues. C était un des
meilleurs ouvriers de la vigne du Seigneur. Sa vie
devait être traversée par bien des épreuves, et couronnée par une mort glorieuse. On lui donna pour
compagnon le P. Raymbaut, que cinq années de
mission avaient complétement épuisé. Ce n'était

pas le courage, mais les forces qui lui faisaient défaut. Il expira presqu'en arrivant à Québec.

Les tristes nouvelles apportées par ces voyageurs vers la fin de juillet émurent tous les Pères, mais le P. de Brébeuf plus que tous les autres. Cette mission était son œuvre, et il l'avait arrosée de ses sueurs depuis douze ans. Son cœur se tournait toujours vers elle, et il appelait de tous ses vœux l'heure d'y aller reprendre ses travaux.

Cette heure venait encore d'être remise. Le P. Vimont le retint pour servir de procureur de la mission huronne, et pourvoir par conséquent à ses besoins. Il trouva dans cette fonction une compensation au retard apporté à ses désirs, et aussitôt il se mit à l'œuvre pour préparer les secours que le P. Jogues devait conduire à Sainte-Marie.

Dieu avait d'autres desseins. Il tint compte au P. de Brébeuf du mérite de son active charité, mais ses frères ne purent pas en recueillir les fruits.

Le P. Jogues reprit le chemin de sa mission au commencement de l'automne, chargé de toutes les ressources que le P. de Brébeuf avait pu réunir. Il était accompagné de deux jeunes Français, René-Goupil et Guillaume Couture, qui s'étaient consacrés pour la vie au service de la mission. Cette sorte de serviteurs appelés *donnés*, ne recevaient pas de salaire, mais on pourvoyait tous leurs besoins pour le reste de leurs jours. Ils furent toujours d'une très-grande utilité pour les Missionnaires, et ils faisaient l'édification des néophytes. Les deux que nous avons nommés, se signalèrent par leur vertu et leur courage dans les épreuves qu'ils eurent à subir.

Vingt-trois Hurons parmi lesquels on comptait l'élite des néophytes servaient d'escorte au P. Jogues. Ils venaient à peine de dépasser Trois-Rivières quand ils tombèrent dans une embuscade dressée sur le fleuve par les Iroquois. Après une lutte terrible mais que le nombre des ennemis rendait trop inégale, le convoi tout entier tomba entre leurs mains, et alors commencèrent pour le saint missionnaire et ses néophytes, ces scènes de cruauté et d'horribles supplices, dont nous avons fait dans une autre histoire le récit douloureux. Nous aurons occasion de parler bientôt de la délivrance miraculeuse du P. Jogues, puis enfin du sort cruel, mais si glorieux, qui l'attendait.

Cependant on ignorait à Québec la surprise et la captivité des voyageurs. On fut même assez long-temps sans nouvelles de cette mission, les communications étant interrompues. Les Hurons restés à Québec ne voulaient même plus remonter chez eux : mais les Français s'apercevaient bien que les Iroquois devenaient chaque jour plus hardis, et osaient pénétrer jusqu'au cœur de la colonie, et sous les murs mêmes de Montréal et de Québec. Ce qu'ils ne voyaient pas (et ce spectacle eût navré de douleur le cœur du P. de Brébeuf), c'est que au même moment les bandes iroquoises envahissaient le pays des Hurons, promenant partout le massacre et l'incendie. Les Missionnaires se trouvaient tout à fait impuissants à conjurer de pareils désastres. Réduits eux-mêmes aux plus dures nécessités, ils n'avaient plus que des vêtements en lambeaux. Toutes leurs provisions étaient épuisées ; ils n'avaient pour offrir le saint sacrifice, que le verjus exprimé du raisin sauvage cueilli dans la forêt, et d'autre pain que celui qu'ils obtenaient grâce à quelques épis de blé, dont ils avaient surveillé avec soin la culture.

L'année 1644 s'était ouverte au milieu des mêmes incertitudes et des mêmes angoisses. Sans pouvoir les constater le P. de Brébeuf les soupçonnait, et dans sa tendre sollicitude pour ses frères, il était toujours préoccupé des moyens de les soulager. Il parvint à réunir de nouveaux secours, et il organisa pour le printemps un nouveau convoi, dont il aurait pris volontiers la conduite, si l'obéissance ne l'avait pas retenu.

Il y avait alors à Québec un jeune religieux de la province de Rome, destiné à la mission huronne, mais retenu depuis trois ans à cause de l'état de choses que nous connaissons. C'était le P. François-Joseph Bressani (1). Il avait une âme

----

(1) Comme le P. Jogues, le P. Bressani a été l'historien de sa captivité et de ses souffrances. Il a inséré son récit dans

fortement trempée, et semblait né pour les grands sacrifices. A la proposition qu'on lui fit de conduire ce convoi, il accepta résolument. Pour un cœur généreux la perspective d'un danger certain, et même de la captivité et de la mort, est plutôt un attrait qu'une appréhension.

Ses compagnons de voyage étaient un jeune Français nommé Henri, et six Hurons tous nouveaux chrétiens et encore dans la première ferveur du baptême. L'histoire nous a conservé les noms de Henri Stontrats, Michel Atiokouendron et Bertrand Sotrioskon. La pensée d'embrasser la foi et de se soustraire aux mauvais conseils et aux mauvais exemples de leurs compatriotes, les avait amenés l'année précédente dans la colonie. Ils espéraient profiter des soins du P. de Brébeuf dont le nom était resté si populaire dans leur pays. Leur espérance ne fut pas déçue. Le bon mission-

une intéressante histoire de la mission huronne, publiée en italien à Maccrata en 1653, et reproduite en français à Montréal en 1852. Rendu à la liberté grâce aux Hollandais du fort d'Orange (Albany), le P. Bressani passa en France, mais pour retourner peu après dans sa mission. Ce ne fut qu'après la destruction des Hurons en 1649, qu'il retourna dans la province romaine, où il recueillit des fruits abondants dus à son zèle, mais surtout à sa qualité de missionnaire des sauvages et aux glorieuses cicatrices qu'il portait. La *Bibliographie universelle* (Michaud), et la *Bibliographie générale* (Didot), font deux hommes de ce missionnaire, sous le nom de *Brassoni* et de *Bressani*. Le P. Patrignani (*Menolog.*) écrit à tort *Bresciani*.

naire passa avec eux l'hiver à Trois-Rivières, et
acheva de les instruire. Il n'en fit pas seulement
de bons chrétiens, mais de vrais apôtres qui brûlaient du désir de rendre leurs compatriotes parti-
cipants de leur bonheur. L'homme de Dieu se
croyait en droit de fonder sur eux les plus belles
espérances pour le progrès de la foi. Mais les
desseins des hommes ne sont pas toujours ceux de
Dieu. Le P. de Brébeuf allait voir encore une fois
tous ses plans échouer, et ses espérances s'évanouir.

Vu la saison peu avancée (c'était à la fin d'avril),
les Iroquois ne semblaient pas à craindre. On pensait que les glaçons que charriait le fleuve, et les
neiges qui embarrassaient encore les forêts, tien-
draient les ennemis à distance : mais la haine les
rapprocha. Échelonnés sur le grand fleuve dans
les positions les plus favorables, ils étaient déjà
à leur poste et guettaient leur proie.

L'imprudence des Hurons causa leur perte. Ils
s'amusaient comme des enfants avec les arquebuses que leur avait données le Gouverneur à leur
baptême. Avertis par ces décharges multipliées,
les Iroquois embusqués dans les îles du lac Saint-
Pierre, un peu au-dessus de Trois-Rivières, tombèrent à l'improviste sur les voyageurs, et avant que
ceux-ci eussent pu se reconnaître et organiser la
défense, un Huron était tué et tous les autres faits
prisonniers, avec le missionnaire et son compagnon. Leurs souffrances commencèrent ; mais on

les réservait pour le feu dans le premier village iroquois.

La nouvelle de ce désastre fut apportée à Québec par Henri Stontrats, qui dans la route fut assez heureux pour échapper à ses gardiens. Elle jeta dans tous les cœurs la consternation et l'effroi. Le plus ému de tous était le P. de Brébeuf, que ce malheur frappait au cœur, mais sans altérer son calme et sa résignation. Il répétait les admirables paroles de Job, éternelle consolation du malheur : « le Seigneur nous l'avait donné, le Seigneur nous l'a ôté : que son saint nom soit béni ! » Telles furent aussi les paroles du saint religieux pour annoncer cette triste nouvelle à son Général, le R. P. Mutio Vitelleschi. Il ajoutait ces lignes qui nous révèlent et sa douleur et ses héroïques senti-ments : « Vous voyez par là en quel mauvais état « sont les affaires du Canada ; mais d'un autre « côté ces contrées malheureuses sont d autant « plus riches en dons célestes qu'elles abondent en « croix. »

Les choses en étaient là, quand les chrétiens algon-quins se levèrent en armes, et jurèrent de venger le P. Bressani, mais leur nombre était trop faible. Par une heureuse coïncidence, soixante guerriers hurons arrivaient au même moment, sans avoir fait aucune mauvaise rencontre. Ce secours inat-tendu donna une nouvelle ardeur aux Algonquins. Plus encore que ceux-ci les Hurons avaient soif de vengeance, et ils firent avec eux cause commune pour poursuivre les Iroquois. Ils atteignirent en effet une troupe de ces guerriers, et après un combat acharné ils les mirent en fuite. Trois Iroquois tombèrent vivants entre leurs mains, et ils furent amenés à Trois-Rivières, comme le plus beau trophée de leur triomphe.

C'était le 27 juillet 1644. A la nouvelle de leur approche, tout ce qu'il y avait de sauvages et de Français dans la ville accoururent pour recevoir les vainqueurs. Ceux-ci s'avançaient en chantant leur victoire, et en frappant en cadence avec leurs avirons sur le bord des canots. Les prisonniers étaient debout, redisant leur chanson de mort, et simulant le courage qui brave les supplices. La nature, dans ses instincts sauvages, allait se révéler dans cette circonstance sous son côté le plus hideux. La grâce n'avait pas encore assez d'empire sur ces cœurs barbares.

Des trois victimes deux furent données aux Hurons, qui résolurent de les conduire dans leur pays, où l'on déciderait de leur sort; l'autre Iroquois resta entre les mains des Algonquins. A peine l'eurent-ils en leur pouvoir qu'ils se ruent sur lui, lui arrachent les ongles, lui coupent les doigts, lui brûlent les pieds, et comme si ce premier supplice ne suffisait pas pour assouvir leur vengeance, ils se disposèrent à lui arracher la vie au milieu des flammes.

Cependant à force d'instances et de présents les Missionnaires et M. de Montmagny, qui était alors à Trois-Rivières obtinrent la vie sauve du prisonnier. Ce n'était pas simplement la compassion qui inspirait cette conduite au Gouverneur. Il était aussi poussé par un autre mobile.

Il savait qu'un parti puissant chez les Iroquois inclinait pour la paix. En effet ces luttes continuelles leur coûtaient leurs meilleurs guerriers, et épuisaient leurs forces, précisément au moment où ils avaient à soutenir une lutte acharnée contre des nations du sud.

Le Gouverneur français la désirait bien plus encore, et dans l'impuissance de l'imposer par la force, il ne voyait pas de moyen plus honorable de l'obtenir que le renvoi des prisonniers. Après avoir arraché la première victime des mains sanglantes des Algonquins, il tenta de soustraire les deux autres aux projets sanguinaires des Hurons. Il trouva ceux-ci inflexibles. A ses offres de présents un des capitaines fit cette fière réponse, qui était sans réplique :

« Je suis homme de guerre, et non marchand.
« Je suis venu combattre et non trafiquer. Ma
« gloire n'est pas de rapporter des présents, mais
« de ramener des prisonniers. Ainsi je ne veux
« toucher ni à tes haches ni à tes chaudières. Si
« tu as un si grand désir d'avoir ces prisonniers,
« prends-les. J'ai encore assez de forces pour aller

« en faire d'autres. Si je perds la vie, on dira dans
« mon pays : Onontio a retenu leurs prisonniers
« et ils se sont voués à la mort pour en prendre
« d'autres. »

Ce ton un peu aigre du sauvage, qui semblait
vouloir l'emporter en noblesse et en générosité,
arrêta le Gouverneur. Son filleul Charles prit lui-
même la parole pour achever de le convaincre et de
justifier son compatriote. « Ne te fâche pas, Onon-
« tio, lui dit-il ; ce n'est pas pour te désobéir que
« nous agissons ainsi : mais il y va de notre hon-
« neur et de notre vie. Nous avons promis à nos
« anciens que si nous faisions quelque prisonnier,
« nous le leur remettrions entre les mains. De
« même que les soldats qui t'entourent t'obéissent,
« ainsi faut-il que nous obéissions à nos chefs.
« Qu'aurions-nous à répondre au reproche de tout
« le pays, quand, sachant que nous avions fait des
« prisonniers, il ne verrait dans nos mains que des
« haches et des chaudières ? Nous serions con-
« damnés comme des gens sans esprit, pour avoir
« décidé une affaire de cette importance sans l'avis
« des anciens. Tu veux la paix, nous la voulons
« aussi, et nos capitaines ne s'y opposent pas. Il
« ne s'agit pas seulement de notre honneur, mais
« de notre vie. Les Iroquois sont partout sur la
« route. Si nous les rencontrons nous n'aurons
« rien à craindre en montrant nos prisonniers,
« à qui nous n'aurons fait aucun mal, et que

« nous menons à nos chefs pour traiter de la
« paix. »

Ce discours sage et modéré autant qu'habile,
porta facilement la persuasion dans l'esprit du
Gouverneur, il céda; mais il voulut du moins que
les captifs fussent témoins de ses démarches pour
la paix, et qu'ils pussent contempler les présents qu'il offrait pour leur rançon. Les Iroquois
n'en revenaient pas ; et leur surprise fut à son
comble, quand ils entendirent les Hurons eux-
mêmes les assurer qu'ils ne voulaient pas leur
mort, mais se servir d'eux pour « rendre la terre
« unie et la rivière libre. » Ainsi furent sauvées
les deux victimes. Le plan du Gouverneur n'était
pas réalisé, mais son but était atteint.

Cependant le P. de Brébeuf qui avait pris une
part active à ces négociations, travailla à en hâter
les conclusions afin de profiter du retour des hurons, et d'envoyer quelques soulagements à ses
frères. Ce ne furent pas seulement quelques secours
qu'ils leur portèrent. Ils emmenèrent le P. de Brébeuf lui-même, réalisant ainsi le vœu le plus ardent de son cœur. Le voile de l'avenir s'était-il
levé pour lui ? Vit-il la nation huronne détruite,
les Missionnaires et leurs néophytes massacrés ?
Nous ne le savons pas, mais jamais il n'avait montré un désir si vif de rejoindre ses frères, et de reprendre ses travaux.

Le P. Vimont profita de l'occasion pour envoyer

dans cette mission un renfort de missionnaires. Il joignit au P. de Brébeuf, le P. Garreau et le P. Chabanel qui illustrèrent plus tard le Canada par leur mort héroïque (1).

Le voyage fut heureux. Pour en assurer le succès contre les attaques des Iroquois, le Gouverneur avait donné au convoi une escorte de vingt soldats. Aucun obstacle ne se présenta. La flottille, qui était partie le 16 septembre, arriva à Sainte-Marie à la fin du mois.

Le retour du P. de Brébeuf, après trois ans d'absence, répandit la joie et l'espérance dans la mission. Il semblait que tous les maux étaient passés, et toutes les privations oubliées.

Pour lui il se mit aussitôt à l'œuvre. Il fut chargé de la mission de Saint-Ignace, tout en restant comme avant son départ, le confesseur de la résidence de Sainte-Marie, et consulteur de la mission.

(1) Le P. Garreau de Limoges périt, en 1656, des suites des blessures que lui avaient faites les Iroquois. Le P. Chabanel fut tué en 1649, chez les Hurons par un Huron apostat.

XVII

*Paix entre les Iroquois et les Français. — Guerre continuée
avec les Hurons. — Progrès de la foi. — Paix rompue.*

Nous ne savons pas où aboutirent les efforts que
fit le gouverneur de Montmagny pour la paix en
1644, mais il trouva occasion de les renouveler
l'année suivante, et il les vit couronnés de succès.

Les sauvages de la colonie avaient remis entre
ses mains trois nouveaux prisonniers iroquois.
Après les avoir traités avec bienveillance, il les
rendit à la liberté pour servir de premières ouver-
tures à la paix.

Cet acte de générosité fit tomber les armes des
mains des Iroquois. Ils envoyèrent une ambassade
pour solliciter la paix, et en témoignage de leur
sincérité ils voulurent que Guillaume Couture,
jeune Français fait prisonnier avec le P. Jogues,
accompagnât les ambassadeurs. Elle fut en effet
conclue à Trois-Rivières, et sa clause principale
fut la libre circulation sur le grand fleuve.

Les Missionnaires en profitèrent pour multiplier

leurs relations avec la mission huronne et lui procurer tous les genres de secours. Deux nouveaux missionnaires y furent envoyés : le P. Bressani qui arrivait de France après sa captivité chez les Iroquois, et le P. Poncet.

Les nouveaux venus trouvèrent le pays dans la désolation. Si du côté de Québec les attaques des Iroquois avaient cessé, il n'en était pas ainsi chez les Hurons. « Le feu était aux quatre coins du pays, dit le chroniqueur de cette époque, et c'était toujours l'Iroquois qui l'allumait. »

Cette attitude si contraire du même peuple tenait à sa constitution politique. Les Iroquois se divisaient en cinq cantons ou tribus qui avaient chacun leur organisation indépendante. Quoiqu'ayant la même langue et les mêmes usages, il n'y avait entre eux unité d'action que dans des questions d'un intérêt très-général. Le canton des Agniers le plus voisin des Français avait seul pris part à la dernière paix; mais les autres cantons et surtout celui des Tsonnontouans, limitrophe des Hurons, était devenu plus cruel et plus acharné que jamais. La jalousie de n'avoir pas pris part aux négociations pour la paix, autant que leur naturel avide de sang et de pillage, les poussa à envahir le pays des Hurons.

L'histoire de cette époque est pleine des détails navrants de ces scènes d'horreur. Les femmes n'osaient plus aller à leur champ de blé d'Inde.

Elles étaient scalpées (1) et massacrées sur place. Les chasseurs étaient surpris au milieu des bois. Chaque jour on voyait disparaître quelques guerriers frappés à mort ou traînés en captivité.

A l'invasion était venue s'ajouter la famine. On avait déjà senti ses atteintes l'année précédente. Le blé d'Inde dont la récolte avait manqué, était devenu très-rare. Les habitants, réduits à se nourrir de glands, de citrouilles et de quelques racines, trouvaient difficilement à se les procurer.

Le bras de Dieu s'appesantissait visiblement sur ce peuple infortuné; mais c'était pour le préparer à l'épreuve. Tous ces fléaux le disposaient au dernier sacrifice dont l'heure s'avançait. Tandis qu'il l'accablait des maux du temps, Dieu l'enrichissait des biens de l'éternité. La grâce fécondait ce sol. « Le Seigneur, écrivait alors le P. Jér. Lalemant, « a tiré avantage de nos pertes, et notre Église « s'est accrue en nombre et en sainteté. » Jamais en effet le nombre des baptêmes n'avait été aussi considérable ; jamais les néophytes ne s'étaient montrés plus fervents. La foi portait ses fruits.

Les malheurs des temps forcèrent les Mission-

_____

(1) Le *scalpage* ou l'enlèvement violent de la chevelure des prisonniers ou des morts à la guerre, était un usage général chez les sauvages, et s'est perpétué jusqu'à nos jours. Les anciens peuples de l'Asie et de l'Europe le pratiquaient aussi, au rapport d'Hérodote. Ce fut même un des supplices qu'endura le second fils Macchabée. (II. Macch....).

naires à se disperser dans les principaux villages
pour mettre leurs services plus à la portée des néophytes. Ils stationnaient dans six postes à Sainte-
Marie, à la Conception, à Saint-Joseph, à Saint-
Jean-Baptiste et à Saint-Ignace. Ce dernier village
se distinguait entre tous par sa ferveur et ses fruits
de vertu, soit à cause de sa proximité de la frontière des Iroquois, soit surtout parce que le P. de
Brébeuf en avait soin.

C'est dans ce village que fleurissait ce courageux
jeune homme qui, pour préserver sa chasteté
menacée, ne recula pas devant un remède héroïque.
Poursuivi à outrance par le démon, il courut dans
la forêt voisine, et s'étant dépouillé de ses vêtements au plus fort de l'hiver, il se roula sur la
neige glacée qu'il arrosait encore de larmes de
regret, comme s'il n'avait pas montré assez de
résolution et de générosité. Il revint transi de
froid, mais il était vainqueur.

Un autre jeune homme, sous le coup des mêmes
assauts, ne se montra pas moins généreux. A
l'exemple de quelques grands saints, il appliqua
sur sa chair des charbons ardents, en se disant à
lui-même : « Si ce feu est si terrible, que sera celui
de l'Enfer, si tu consens au péché? » Il triompha.

La charité n'était pas moins féconde que la
chasteté dans ce terrain béni. Une pauvre veuve
apprend qu'on va brûler vif un Iroquois prisonnier, que le missionnaire ne peut pas aborder.

Elle prend aussitôt une hache qui était sa plus grande richesse, et va l'offrir au maître de la victime pour faire lever la barrière qui s'oppose au zèle du missionnaire. Sa charité l'emporta. Le prisonnier écouta la bonne parole, ouvrit son cœur à la grâce, et mérita avant son supplice d'être admis parmi les enfants de Dieu.

Les conversions qui jusque-là avaient tant coûté de sueurs au P. de Brébeuf, se multipliaient. Elles semblaient souvent naître comme d'elles-mêmes aux seuls rayons de la grâce. Le missionnaire apprend un jour qu'un des ennemis les plus redoutables du nom chrétien à Saint-Ignace, nommé Saentarendi, vient de tomber en danger de mort. Sans tenir compte du passé, il accourt. Touché autant que surpris de tant de hardiesse, le sauvage est ému, et la grâce aidant il se sent transformé. « Que Dieu est bon ! lui dit-il en « l'accueillant avec douceur et reconnaissance. « Que Dieu est bon, même pour des impies, « puisqu'il t'amène ici pour me faire une grâce « dont je suis indigne ! »

L'étonnement redoubla quand on l'entendit demander pardon et solliciter le baptême, en faisant publiquement sa profession de foi. « Je crois, « dit-il au missionnaire, toutes les vérités que tu « nous prêches, autant qu'autrefois j'en avais « horreur. Si j'ai vécu en impie, je veux mourir « en chrétien. » Comme le temps pressait, et que

la grâce semblait avoir fait en quelques heures
une œuvre consommée, le P. de Brébeuf le bap-
tisa sous le nom de « François. » Ce n'était plus
seulement un chrétien, il devenait apôtre. Une
heure avant sa mort, il trouva assez de force pour
donner une leçon sévère à quelques compagnons
de son infidélité, qui cherchaient encore à le
détourner, et qui voulaient chasser le missionnaire
de sa cabane. « Allez plutôt, leur dit-il avec
« humilité, allez raconter partout que le Maître
« de la vie a fait miséricorde à un pécheur, qui a
« blasphémé plus que vous. » Puis s'armant
d'énergie et devenant presque menaçant, il ajouta:
« Redoutez les flammes de l'Enfer, si vous ne vou-
« lez pas y brûler pendant une éternité. Pour moi
« je vais au Ciel, et je meurs plein de confiance
« dans l'infinie bonté de Dieu. »

Citons encore cette noble et héroïque réponse,
faite par un capitaine à un de ses collègues qui,
inquiet pour l'avenir de ses superstitions mena-
cées, lui en reprochait l'abandon : « Tes inquié-
« tudes viennent trop tard, disait-il, ma foi m'est
« plus chère que l'honneur et les biens. Elle est
« entrée dans nos cœurs, et elle y règnera malgré
« vous. On nous arrachera l'âme du corps avant
« de détrôner en nous la crainte de l'Enfer et le
« désir du bonheur qui nous attend là haut. » Ne
semble-t-il pas entendre comme un écho de ces
magnifiques professions de foi que faisaient les

martyrs devant leurs juges et leurs bourreaux?

Si tels étaient les fruits de cha-teté, de charité, de zèle et d'héroïsme que portait cette terre infortunée, que dire de ceux qui la cultivaient? « Qui « pourrait exprimer la ferveur de leur zèle, leur « courage indomptable, leur patience à tout souf- « frir, leur activité à tout faire, leur humilité dans « une vie vraiment cachée en ce monde, tandis « qu'ils ne manquaient pas des qualités qui les « eussent rendus recommandables en France? »

Tel est le portrait que trace d'eux le P. Jér. Lalemant , supérieur général de la mission. Il croyait juste de payer ce tribut à la vertu de ses frères autant qu'à la vérité.

Le tableau de ces vertus, plus que tous les raisonnements, exerçait une puissante influence sur les sauvages. « Il faut, disaient-ils, que ces hommes « là soient bien pénétrés de la vérité de ce qu'ils « nous enseignent, puisque pour nous l'apprendre, « ils ont quitté patrie, parents, amis et tout ce « qu'ils avaient de plus cher en ce monde: ils se « sont condamnés à traîner ici une vie si misé- « rable, au milieu de toutes les privations, et dans « des dangers continuels de mort. Il est bien « évident qu'ils ne cherchent que notre bonheur, « sans avoir en vue aucun intérêt temporel. »

La présence du P. Bressani dans la mission était à elle seule une prédication éloquente. Il venait d'y arriver en 1645. Les sauvages savaient qu'il n'avait voulu profiter de la liberté qu'il avait recouvrée, que pour revenir dans la mission. Ils connaissaient les tortures que lui avaient fait subir les Iroquois, et ils en voyaient les traces sur ses mains mutilées, et ses doigts coupés : « Le Maître « de la vie, se disaient-ils, mérite donc seul d'être « servi et honoré, puisque la vue de mille morts « ne peut pas arrêter ceux qui nous prêchent son « Évangile. » Et en s'adressant au P. Bressani ils ajoutaient: « Montre-nous tes plaies: elles nous « disent mieux que tu ne pourras le faire, quand « tu sauras notre langue, que nous devons obéir « à celui qui te rendra les membres qu'ils t'ont « coupés. — Je ne sais ni lire ni écrire, disait un « autre, mais ces doigts mutilés sont la réponse à « tous mes doutes. La Robe-Noire croit donc bien « fermement ce qu'elle nous enseigne, puisque après « avoir tant souffert à cause de nous, nous la « voyons revenir encore gaiement pour nous ins- « truire, comme si elle n'avait trouvé ici que des « délices. »

Cependant au milieu des triomphes de la foi, on vit tout à coup la tempête se déchaîner avec une nouvelle violence. On peut dire que l'épreuve était devenue l'élément de cette mission et comme la condition du peuple huron. Il allait ressentir en ce moment les effets de la rupture de la paix entre les Iroquois et les Français.

Après une horrible captivité de près de treize

mois le P. Jogues était parvenu, grâce aux Hollandais de Manahtte (aujourd'hui New-York), à s'échapper des mains de ses bourreaux. Conduit en France, il avait obtenu de retourner au Canada. C'était le moment où avaient lieu les pourparlers de paix avec les Iroquois. La connaissance qu'il avait de leur langue, et la réputation qu'il s'était faite dans leur pays, le désignaient comme un précieux entremetteur. Il y fit en effet un premier voyage avec succès, mais dans un second voyage dans l'automne de 1645, le parti hostile aux Français prit prétexte du fléau qui détruisit la moisson de blé d'Inde, et qu'il attribuait au P. Jogues; et le 18 octobre il le tua d'un coup de hache.

C'était la première victime parmi les missionnaires jésuites. Elle ouvrait une voie sanglante mais glorieuse, que ses frères n'allaient pas tarder à suivre. Son meurtre fut pour les Iroquois le signal d'une haine à mort, que la destruction complète de la nation huronne pourra seule assouvir. Ils reprirent donc avec une nouvelle fureur leurs courses audacieuses, et portèrent partout le fer et le feu. Tout le pays des Hurons était en émoi, mais surtout sur la frontière iroquoise, où il n'y avait plus de sécurité. Quelques villages se voyaient même si compromis que leurs habitants se décidèrent à les évacuer. Celui de Saint Jean-Baptiste, nommé Contarea, donna le premier le signal, et se dispersa. Mais en se sauvant il perdait les autres qu'il mettait à découvert. Celui de Saint-Joseph où résidait le P. Daniel, et celui de Saint-Ignace qu'évangélisait le P. de Brébeuf, se trouvèrent ainsi dans une position très-critique. Ils tinrent cependant jusqu'au printemps de l'année 1647.

Deux bandes nombreuses d'habitants de Saint-Ignace venaient d'être surprises dans les bois pendant leur chasse. La plupart avaient trouvé là la mort ou la captivité. Une des victimes mérite que son nom soit conservé dans l'histoire de l'Église huronne. C'était un jeune homme de vingt-quatre ans, nommé Ignace Snouaretsi, admirable pour la pureté de ses mœurs et la ferveur de sa piété. Il ne perdait pas Dieu de vue. Quand il était heureux à la chasse, il se mettait aussitôt à genoux, et rendait grâces à Dieu. Dans l'attaque où il périt, après avoir lutté en désespéré, il envoya à sa mère par un de ses cousins cet adieu sublime, digne d'un croisé et d'un martyr : « Dis à ma mère que sans « doute je serai brûlé, mais qu'elle ne pleure pas « ma mort. Je n'aurai alors d'autre chose dans « l'esprit que le Paradis où j'espère aller. » Son frère aîné combattait aussi en héros à ses côtés, et fut frappé à mort. Ignace eut le temps de lui rappeler les principes de la foi, et de le régénérer dans les eaux sacrées. Le souvenir du pieux jeune homme répandit dans le pays comme un parfum de

vertu. Son sang devait porter son fruit. Il germa
au cœur de sa mère d'abord, et bientôt après dans
tous les membres de sa famille qui se firent chrétiens.

Sur les conseils du P. de Brébeuf les habitants
de Saint Ignace se décidèrent à émigrer, mais sans
se séparer. Ils se transportèrent non loin de Sainte-
Marie, d'où les Français pourraient plus facilement
venir à leur secours. Le P. de Brébeuf fut chargé
du choix du terrain, et il assit le village émigrant
sur les bords d'une petite rivière qui se jette dans
une anse du grand lac, nommée aujourd'hui Stur-
geonbay, au nord de la presqu'île huronne.

Les sauvages se mirent aussitôt à l'œuvre pour
s'établir en ce lieu. En même temps que les uns
dressaient leurs cabanes avec celle des Missionnaires et celle de la prière, d'autres formaient une
enceinte de pieux élevés, pour protéger le village
contre l'ennemi.

Ce nouveau village était installé, quand le grand
conseil des Hurons voyant l'état déplorable de la
nation et son impuissance à rétablir ses affaires,
songea à chercher l'appui d'un allié puissant.

Sur les bords de la Susquéana à près de huit cents
kilomètres des Hurons, vivaient les Andastoes qui
avaient avec eux communauté de langue, d'usages,
et ce qui était plus avantageux, de haine
contre les Iroquois dont ils avaient eux-mêmes
beaucoup souffert. A la nouvelle de ce qu'en-

duraient les Hurons, ils leur firent porter ces paroles : « Nous avons appris que vous avez des enne-
« mis ; vous n'avez qu'à nous dire : Levez la hache,
« et nous vous assurons qu'ils feront la paix ou
« que nous leur déclarerons la guerre. »

Les deux nations entrèrent en pourparlers, et il
y avait entre elles une si grande entente qu'on
pouvait espérer les plus heureux résultats. Leur
projet était de diviser les Iroquois, en gagnant les
trois Cantons les moins acharnés, et de tomber de
concert sur les deux autres, celui d'Agnier et celui
d'Onneiout, dont on avait le plus à redouter la
jalousie et les vues ambitieuses.

Tout marchait à souhait ; un chef du canton
d'Onnontagué, rendu à la liberté par les Hurons,
avait pris tellement leur cause à cœur, qu'il était
parvenu à détacher les trois Cantons de la ligue
iroquoise, et à entamer des négociations de paix
avec les Hurons.

A la nouvelle de ce qui se tramait contre eux,
les Agniers entrèrent en fureur, et firent tout
manquer. Ayant connu la marche des ambassadeurs hurons, ils allèrent les attendre sur la route,
et les massacrèrent. On était alors au mois de janvier 1648.

Ce triste événement, inexplicable pour les Hurons, rompit toutes les négociations, et répandit
parmi eux la terreur. Les ennemis de la foi s'en
prirent comme toujours aux Français et aux Robes-

Noires qu'ils regardaient comme les auteurs de ce cruel guet-apens. Pour se venger et épouvanter tous les Français, ils résolurent de donner la mort à l'un d'eux.

Leur victime fut un jeune homme de vingt-deux ans. Le soir du 28 avril au moment où il s'écartait un peu de la maison de Sainte-Marie ; deux jeunes Hurons se jetèrent sur lui, et le tuèrent d'un coup de hache. Les méchants espéraient que cette mort deviendrait le signal d'un massacre général. Ils ne comptaient pas avec les sentiments chrétiens, qui dominaient déjà parmi leurs frères. « Dieu, « écrit à cette occasion le P. de Brébeuf à son Gé- « néral le R. P. Vincent Caraffe, a tiré le bien du « mal. La nation huronne nous a fait ses excuses, « et les suites de cette démarche se font heureuse- « ment sentir. »

En effet, le pays tout entier fut ému de ce crime, et sur le conseil de plusieurs capitaines, le supé- rieur de la mission adressa sa plainte au grand conseil de la nation. Il fut résolu qu'on y ferait droit. Non-seulement les capitaines, mais ceux même qui avaient conseillé ce meurtre, vinrent faire aux Missionnaires et aux Français la répa- ration solennelle, que les usages du pays de- mandent (1).

(1) Dans sa *Relation sur la mission huronne*, le P. Bres- sani a donné les détails les plus minutieux de cette céré- monie réparatrice.

Ne pouvant plus rien espérer du côté des sauvages, les Hurons tournèrent leurs regards vers Québec. Quelques avantages remportés sur l'ennemi, car la fortune ne trahissait pas toujours leur courage, donnaient à cette époque comme un moment de répit. Ils voulurent en profiter et tenter une descente à Québec, pour exposer leur situation au représentant de la France.

Le P. Ragueneau avait eu le premier la pensée de cette démarche hardie, et il voulait en courir lui-même tous les hasards. Sa charge de Supérieur l'arrêta. Il était bien arrivé, au terme de trois années, fixées par Innocent X (1), à toute supériorité religieuse. Mais soit que la lettre qui lui donnait un successeur eût été interceptée, ou qu'on eût fait une exception en sa faveur, à cause des circonstances si difficiles où se trouvait la mission, et des instances que fit le P. de Brébeuf auprès de son Général, en qualité de consulteur, il retint le gouvernail, et prépara l'expédition projetée.

La lettre que le P. de Brébeuf écrivit à cette occasion mérite d'être conservée, comme un monument de sa sagesse, mais aussi de son obéissance et de son humilité. Nous la traduisons du latin.

« Nous craignons, dit-il, que le décret du Sou-
« verain Pontife sur le pouvoir triennal des Supé-
« rieurs, ne nous prive de cet excellent Père. Dans

____

(1) Ce décret fut révoqué par Alexandre VII, en 1663.

« l'état actuel de la mission, il nous semble que
« ce serait une véritable calamité pour elle.

« Le R. P. Ragueneau réunit certainement
« toutes les qualités nécessaires pour un emploi,
« plus difficile à exercer dans ce pays qu'on ne
« saurait l'imaginer. La mission lui doit en grande
« partie ses succès, et nous l'enlever serait certai-
« nement les compromettre. Il l'a gouvernée jus-
« qu'à présent avec tant de douceur, de prudence
« et d'énergie, que son changement serait une
« rude épreuve pour nous tous.

« Nous avons sans doute ici d'excellents reli-
« gieux, et des hommes très-capables : mais cela
« n'empêche pas qu'ils ne soient très-inférieurs au
« P. Ragueneau, surtout pour le gouvernement.
« J'ajoute qu'aucun d'eux n'a encore été supérieur,
« et cependant il paraît expédient de le choisir
« parmi ceux qui sont ici. Nous envoyer de France
« un supérieur qui ne connaît ni les hommes ni
« les choses, serait l'exposer à faire au détriment
« de la mission, une fâcheuse expérience.

« Toutes ces raisons je les ai déjà exposées l'an-
« née dernière au R. P. Provincial. Je crains d'ar-
« river maintenant trop tard, et que le changement
« ne soit décidé. Si pourtant il n'y a rien de fait,
« je conjure Votre Paternité, autant que je le puis,
« de continuer le P. Ragueneau dans sa charge.
« Les temps ne seront pas toujours si mauvais, et
« les difficultés présentes s'aplaniront. Dans trois

« ans un autre pourra le remplacer, sinon avec le
« même succès, certainement avec moins d'incon-
« vénient et de danger qu'aujourd'hui.

« Cette grâce est la seule que j'ose solliciter de
« Votre Paternité, bien disposé d'ailleurs à tout
« accepter de sa main, puisqu'après tout je ne dé-
« sire que la plus grande gloire de Dieu. »

(Arch. du Gesu.)

Le P. Ragueneau mit le P. Bressani à la tête de
cette expédition pour Québec. Ce généreux soldat
de Jésus-Christ avait déjà fait ses preuves, ainsi
que nous l'avons vu. Son escorte se composait de
deux cent cinquante guerriers, dont bon nombre
étaient chrétiens.

Ce convoi ne rencontra l'ennemi que le 17 juillet ; c'était presque aux portes de Trois-Rivières.
Les Iroquois n'avaient pas compté sur le nombre,
et ils furent écrasés. A l'arrivée des vainqueurs à
Québec, le Gouverneur les fit saluer par des décharges du canon et de la mousqueterie.

Le P. Bressani qui venait chercher des provisions pour la mission et demander de nouveaux
ouvriers, vit ses démarches couronnées de succès.
Quatre missionnaires furent désignés pour l'accompagner à son retour. C'était le P. Gabriel Lalemant, dont le nom reviendra ; le P. Jacques Bonin, qui retournera en France en 1650, après la
destruction des Hurons, et ira mourir, neuf ans
après à la Martinique ; le P. Adrien Greslon que

14.

nous retrouvons plus tard dans les missions de Chine pendant seize ans, et qui reviendra mourir dans sa patrie à la fin du siècle : enfin le P. Daran, qui rentra en France en 1650, et mourut à Vannes en 1670. Un frère coadjuteur ·Nicolas Noirclair accompagnait les nouveaux apôtres.

Malgré la faiblesse des ressources dont il disposait, le chevalier de Montmagny voulut montrer aux Hurons l'intérêt qu'il prenait à leur cause et à leurs bons sentiments. Jamais en effet ils n'avaient tant exalté les bienfaits de la religion, ni tant protesté de leur attachement aux Missionnaires et aux Français. Il leur donna 12 soldats pour les accompagner, et un canon pour le fort Sainte-Marie.

Les Hurons étaient au comble de la joie. Ils emmenaient des missionnaires, des soldats, des provisions de toute nature.

Le 6 août 1648 la flottille quittait Québec, et après un mois de voyage, elle arriva sans encombre à Sainte-Marie.

Les voyageurs furent reçus dans la joie et l'espérance. Il semblait à tous qu'ils allaient voir sous peu se rétablir leurs affaires. Cependant elles n'avaient jamais été plus bas, et la ruine se précipitait, mais elle allait apporter aux uns le salut, aux autres le martyre, à tous une belle couronne.

XVIII

*Physionomie du P. de Brébeuf. — Le Religieux.— L'Apô-
tre. — Le Martyr.*

Avant d'assister au spectacle sanglant qui va
s'ouvrir, et de suivre le P. de Brébeuf au lieu de
son supplice, disons mieux de son martyre, arrê-
tons un instant sur lui nos regards ; et groupant
comme dans un tableau raccourci ses principales
vertus, voyons d'un côté jusqu'à quelle hauteur de
perfection et de zèle, s'est élevé en lui le caractère
du religieux et de l'apôtre, et de l'autre comment
Notre Seigneur qui l'avait marqué pour le martyre, l'a préparé comme par degré à l'insigne faveur qu'il va lui faire de verser son sang pour lui.
Ce premier tableau, outre qu'il nous donnera la
clef du second, achèvera de nous révéler la belle
âme de notre zélé missionnaire.

Comme le juste, selon la leçon de saint Paul, le
P. de Brébeuf vivait de la foi.C'était l'air qu'il respirait, et il ne sortait pas de cet élément. Pénétré

pratiquement des principes de saint Ignace, il se
considérait comme l'homme de Dieu mis au service de sa plus grande gloire. Le désir de la procurer l'avait conduit chez les Hurons. Pour l'étendre il y vécut, il y souffrit, il y mourut.

Dans ses entreprises, c'est au Ciel, que le regard
de sa pensée ne quittait pas, qu'il demandait protection et soutien. Dès son arrivée dans sa chère
mission, il la mit sous le patronage de saint Joseph, et il voulut qu'un des principaux villages fut
dédié à son Immaculée Conception. A mesure
qu'il faisait une nouvelle conquête à l'Evangile, il
la consacrait à Dieu par un nom de Saint. Suivant
une pieuse pratique de tant de serviteurs de Dieu
ses modèles, il n'allait nulle part sans saluer l'Ange
Gardien du lieu. Au milieu des épreuves il n'attendait le secours que d'en haut. Combien de fois dans
les nombreux dangers qu'il a courus, ne l'a-t-on
pas vu se lier par des vœux à saint Joseph, et à sa
sainte épouse pour obtenir protection ? Que de
communions, que de sacrifices, que de chapelets il
offrit ou il fit offrir dans les moments de péril, pour
lui et pour les siens ? Quand il avait ainsi confié
sa cause au Ciel, il était tranquille, et rien n'égalait
sa confiance inaltérable en Dieu et son héroïque abandon à sa volonté sainte. Le P. Ragueneau
lui demandait un jour s'il n'aurait pas une grande
répugnance, au cas qu'il devînt captif des Iroquois,
à être dépouillé de ses vêtements. « — Non, répon-

« dit-il, puisque ce serait la volonté de Dieu, et
« alors je ne penserais qu'à lui.— Mais le supplice
« du feu ne vous ferait-il pas peur? — Je le crain-
« drais, lui dit le serviteur de Dieu, si je n'envisa-
« geais que ma faiblesse, car la piqûre d'une mou-
« che est capable de m'impatienter; mais j'espère
« que Dieu m'assistera toujours, et avec le secours
« de sa grâce, je ne redoute pas plus les tourments
« terribles du feu que la pointe d'une épingle. »

De cet esprit de foi naissait encore une autre
qualité bien précieuse dans l'apôtre et le religieux,
la facilité de quitter Dieu pour Dieu. « Je n'ai ja-
« mais vu personne, écrit le P. Chaumonot, moins
« attaché que lui à ses dévotions, quoiqu'il y reçut
« de grandes grâces du Ciel.» Il se tenait ainsi dans
une sainte indifférence, ne consultant en toutes
choses que le bon plaisir de Dieu. C'est ce qui rendait son obéissance si admirable. Ses Supérieurs
n'étaient pour lui que les organes et les représentants du Ciel. Un jour qu'il méditait ces paroles de
l'Évangile « Et il leur était soumis, » il dit à
Notre-Seigneur avec une sorte de familiarité res-
pectueuse : « Seigneur que voulez-vous que je
fasse? » Il entendit cette réponse:» Va trouver Ana-
nie. C'est lui qui te dira ce que tu dois faire. » Et
désormais se faisant aveugle volontaire, il résolut
de ne plus marcher par d'autre voie que par la volonté de ceux qui étaient pour lui de vrais Ana-
nies. Il aimait à se mettre entre leurs mains

comme un enfant. « Incapable de me conduire
« moi-même, disait-il, je trouve autant de plaisir à
« obéir qu'un enfant qui n'a pas la force de mar-
« cher, en trouve à se laisser porter dans les bras
« de sa mère. »

Son obéissance éclatait aussi dans son inviolable
fidélité à ses règles qui étaient pour lui le code sacré,
où il allait apprendre les lois qui présidaient à sa
vie. Le P. Ragueneau, qui l'a pratiqué longtemps,
a laissé de lui ce beau témoignage, qu'il ne l'a jamais vu en violer même la plus petite. C'était du
reste une de ses résolutions qu'on a trouvées
dans ses écrits, « de se laisser mettre en pièce
plutôt que d'en violer aucune.» Maxime admirable,
dont la pratique suppose un haut degré de vertu et
de perfection.

Est-il étonnant qu'un homme aussi obéissant
fut humble ? Ces deux vertus se soutiennent et se
fécondent mutuellement. L'humilité le mettait
si bas à ses yeux qu'il déclarait « n'être propre
« qu'à obéir parce qu'il était dépourvu d'esprit et
« de prudence ; que s'il était apte à quelque
« chose c'était à garder une porte, à préparer un
« réfectoire, à faire la cuisine, et qu'enfin sa con-
« dition dans la Compagnie était celle d'un men-
« diant, auquel tout ce qu'on donne est une pure
« faveur. »

Aussi trouvait-il qu'il ne faisait jamais rien de
bien, tandis qu'il trouvait toujours à louer ce qu'a-

vaient fait les autres, et alors comme un enfant il demandait humblement à ses frères comment ils s'y prenaient, pour pouvoir les imiter.

Une des épreuves de son humilité fut de se voir nommé Supérieur. Quand il envoyait les rapports sur la mission au R. P. Général, au milieu de tout ce qu'il racontait de ses frères, on ne savait où trouver ce qu'il avait fait lui-même. S'il lui arrivait de parler de lui, c'était, comme dans une lettre de 1636, pour avouer « qu'il vivait dans la tiédeur, au milieu de ses frères, tous ardents à la perfection. » Il se vengeait d'être à la première place en se mettant dès qu'il le pouvait à la dernière. Il se chargeait souvent des travaux les plus bas et les plus matériels, et s'y livrait avec tant de naturel qu'on ne l'eut pas pris pour le Supérieur, ni même, disent les Mémoires, pour un prêtre, mais pour un frère coadjuteur. Enfin quand Notre-Seigneur pour récompenser sa vertu lui eût fait des faveurs célestes, et que ses Supérieurs lui eurent donné l'ordre de les mettre par écrit, il fallut toute son obéissance pour résoudre son humilité à les faire connaître.

La douceur et l'humilité que Notre-Seigneur aimait à unir dans son enseignement comme dans son cœur, devaient aussi se rencontrer dans le serviteur de Dieu. L'une est la compagne inséparable de l'autre. La douceur faisait même le fond de son caractère, et devenait, avec la patience et l'amour de la croix, le trait caractéristique de sa vertu.

Il avouait avec simplicité « que Dieu dans sa
« bonté lui avait accordé mansuétude et bénignité
« à l'endroit de tout le monde, » et il reconnaissait
les obligations que cette faveur lui imposait. Il disait « qu'il était responsable de ces talents, et pour
« ne pas les laisser infructueux, il prenait la réso-
« lution de faire son examen particulier sur ce
« point. » Il la tint si bien que ses frères lui ont
donné cet éloge « qu'il ne se départit jamais de sa
douceur. » « Depuis douze ans que je le connais-
« sais, écrit encore le P. Ragueneau, je l'ai vu
« Supérieur, inférieur, tantôt dans les affaires tem-
« porelles, tantôt dans les travaux des missions,
« traitant avec les sauvages, les chrétiens, les in-
« fidèles, les ennemis, en butte aux persécutions,
« aux calomnies, et jamais je ne l'ai vu, je ne dis pas
« en colère, mais donner la moindre marque d'im-
« patience ou de vivacité. Parfois on cherchait à
« l'attaquer par le côté qui devait lui être le plus
« sensible, mais toujours son œil restait bénin, ses
« paroles pleines de douceur, et son cœur calme et
« tranquille. »

Un des grands exercices de sa patience fut d'attendre longtemps la récolte des âmes, avant de la
voir mûrir : mais rien ne put le lasser. Il savait
que Dieu lui demandait d'arroser ce champ de ses
sueurs, et qu'il n'appartenait qu'à lui de le féconder. Il semble que par une destinée qui se rap-

prochait de celle de ce peuple, il ne devait le rendre accessible à la divine semence qu'après l'avoir rougi de son sang. Nous verrons qu'il le versera avec joie. On peut dire que la soif de souffrir pour Jésus-Christ et l'amour de sa croix étaient comme l'âme de toute sa vie, et formaient selon sa manière de parler, avec la douceur et la patience, le troisième instrument de perfection pour lui et de salut pour les autres.

Il nous a laissé, sur son ardeur de souffrir pour Jésus Christ, des protestations brûlantes comme celle que nous avons citée page 75.

Les promesses et les protestations ne lui suffisaient pas, il s'y engageait par des vœux dont l'objet était la souffrance jusqu'au plus douloureux martyre. Dès 1639, il traçait celui-ci avec une solennité qui marque toute la gravité de sa résolution : « Mon Seigneur Jésus, que vous rendre « en retour du bien que vous m'avez fait ? *Je* « *prendrai votre calice et j'invoquerai votre nom !* « Je fais donc vœu en présence de votre Père Éter- « nel et du Saint-Esprit, en présence de votre « très-sainte Mère et de Joseph, son très-cher « époux, devant les anges, les apôtres, les martyrs « et mes bienheureux Pères Ignace et François- « Xavier, oui, mon Seigneur Jésus, je fais vœu de « ne jamais manquer à la grâce du martyre, si, « dans votre miséricorde, vous l'offrez à votre in- « digne serviteur. Ainsi à l'avenir je ne pourrai « plus me permettre de fuir les occasions qui se

« présenteront de mourir pour vous, et de ne pas
« accepter avec joie le coup de la mort, à moins
« toutefois que votre plus grande gloire ne de-
« mande le contraire. Je vous offre donc dès au-
« jourd'hui et de grand cœur, ô mon Seigneur
« Jésus, et mon sang et ma vie, afin que si vous
« m'en accordez la grâce, je meure pour vous qui
« avez daigné mourir pour moi. Faites que je vive
« de manière à obtenir que vous m'accordiez ce
« genre de mort. Ainsi, Seigneur, *je prendrai*
« *votre calice et j'invoquerai votre nom* Jésus!
« Jésus! Jésus! »

En attendant que son Sauveur lui accordât cette
faveur, le P. de Brébeuf ne se contentait pas des
souffrances attachées à sa vie de missionnaire des
sauvages. Au milieu de tous les genres de privations, il exerçait sur lui-même toutes les rigueurs
de la pénitence, et tourmentait son corps par des
jeûnes, des veilles et toutes les austérités qu'ont
pratiquées les saints. Encore s'accusait-il de lâcheté
et de tiédeur, et pensait-il n'avoir d'assurance de
son salut que quand la bonté divine lui aurait
donné occasion de souffrir. Il l'obtint : Notre-Seigneur, que nous l'avons entendu invoquer tout à
l'heure avec tant d'instances, lui préparait le genre
de mort qu'il demandait ; mais il l'y menait par
des voies admirables, réservées ordinairement pour
ses plus dévoués serviteurs.

Dès 1630, il lui inspire un désir ardent, comme

nous l'avons vu, d'endurer tout ce qu'ont souffert les martyrs.

Quatre ans après, en 1634, Notre-Seigneur lui apparaît portant la couronne d'épines sur la tête, présage de celle dont les Iroquois doivent orner son front.

Après le désir et une image ébauchée, vint l'appel dans un symbole plus net et plus précis. A la veille de la retraite de 1637, Dieu lui montre pendant sa confession un tableau qu'il ne cessa de voir qu'après sa pénitence. Il apercevait deux soleils, jetant un très-vif éclat ; entre eux, il y avait une croix dont les bras, le pied et le sommet paraissaient d'égale grandeur. A une des extrémités fleurissait un lys, à une autre se trouvait un Chérubin ; à la partie supérieure, il voyait la figure de Notre-Seigneur, dont la voix se faisait entendre intérieurement à son cœur et l'invitait à la croix.

L'appel devient ensuite plus clair encore et plus pressant, mais aussi plus tendre. Il vit alors Notre-Seigneur ne plus se contenter de lui inspirer le désir du martyre, ni de lui en montrer la figure, ni de l'y appeler par un choix de prédilection, mais se décharger de la croix qu'il portait, la poser sur ses épaules ; et comme le P. de Brébeuf s'offrait volontiers à la prendre, Notre-Seigneur se montra à lui « couvert de lèpre et sans beauté, » et reconnaissable seulement à ses plaies. C'était l'image saisissante de l'état affreux, où la rage de ses bourreaux devait le réduire lui-même un jour.

Que restait-il à faire à Notre-Seigneur, si ce n'est d'oindre la future victime, comme préparation prochaine à la lutte ? En effet, le 30 de mars de la même année « je me recueillais après ma « messe, écrit le P. de Brébeuf, pour écouter ce « que me dirait Notre-Seigneur en moi-même, et « il me sembla voir comme une main qui, avec je « ne sais quelle huile, faisait des onctions sur « mon cœur, et sur tout mon intérieur ; cette vue « me remplit d'une paix ineffable. »

Le soldat était armé pour le combat, et le martyr était prêt à monter au calvaire. Avant d'en gravir les degrés, Notre-Seigneur et lui vont de concert, l'un par son inspiration, l'autre par sa fidèle correspondance, dresser le calvaire dans son propre cœur. Sous l'impulsion de la grâce il s'immola par le vœu le plus crucifiant, mais aussi le plus méritoire qu'il pût faire.

Ce vœu donnera le dernier coup de pinceau au portrait que nous avons tracé.

Pendant sa retraite de 1645, il s'engagea donc par vœu, comme le fera trois ans plus tard un autre grand serviteur de Dieu, le P. de la Colombière, à tendre dans toutes ses actions à tout ce qu'il croirait de plus parfait. Le voici tel qu'il le rédigea lui-même, suivi des explications qui en

règlent avec une rare sagesse l'étendue et les conditions.

« Désormais, au moment de la communion je
« ferai chaque jour, avec le consentement du
« P. Supérieur, le vœu de faire ce que je connaîtrai
« être pour la plus grande gloire de Dieu et pour
« son plus grand service. Ce vœu aura deux règles:
« 1° moi-même lorsqu'avec droiture, clarté et sans
« aucun doute, je jugerai qu'une chose est pour la
« plus grande gloire de Dieu ; 2° le P. Supérieur ou
« le P. Spirituel que je consulterai dans le doute,
« lorsque je le pourrai.

« J'ajoute comme explication : 1° ce vœu s'étend
« à tout ce qui est de précepte ; de sorte que là où
« il y aurait péché mortel en vertu du précepte, il
« y aurait aussi sacrilége en vertu du vœu. Pareil-
« lement, là où il y aurait péché véniel en vertu
« du précepte, il y aurait péché véniel en vertu du
« vœu.

« 2° Dans les choses qui ne sont que de conseil,
« mais qui sont importantes et de grave consé-
« quence pour la gloire de Dieu, ce vœu m'enga-
« gera sous peine de péché mortel. Si la chose est
« peu importante je ne m'engagerai que sous pé-
« ché véniel.

« 3° Pour que dans une chose peu importante je
« sois tenu par ce vœu sous peine de péché véniel,
« il faut que je voie clairement et sans hésitation
« qu'elle peut contribuer à la plus grande gloire

« de Dieu, soit que j'en juge ainsi d'après la loi de
« Dieu, ou d'après les règles d'élection données
« dans les Exercices, ou enfin d'après les lumières
« de ma raison et la grâce de Dieu, soit que je
« prenne pour règle le jugement du P. Supérieur
« ou du P. Spirituel. »

Voilà bien le sommet de la perfection. Le martyr s'était ainsi préparé, par le crucifiement intérieur, aux tourments qui l'attendaient au dehors.
Viennent les Iroquois avec les torches ardentes,
les alênes aiguës, les haches brûlantes, l'eau bouillante, les écorces embrasées, les couteaux tran-
chants, la victime n'attend plus que ses bourreaux.
Nous allons les voir à l'œuvre.

XIX

A l'heure où nous sommes arrivés, voici où en
est la lutte, l'attitude des personnages divers qui
y sont mêlés, et le triste état du pays huron.

D'un côté l'Iroquois, ardent au sang et au pillage, aiguillonné par le succès, et résolu, pour se
venger du Huron auquel il ne pardonne pas ses
relations amicales avec la France, de consommer
sa ruine. De l'autre, le Huron épuisé et forcé après
des luttes énergiques, mais ruineuses, de lâcher
pied devant l'ennemi. Tandis qu'il succombe, Dieu
jette sur lui un regard de miséricorde, et on peut
prévoir que si ce peuple doit périr, il périra dans
les lumières de la foi.

Entre ces deux adversaires étaient les Missionnaires et les Français. Ceux-ci incapables de pro-

téger efficacement leur allié, et contraints eux-
mêmes, après l'avoir vu écraser, ou de périr ou de
prendre la fuite.

Ceux-là plus ardents et plus nombreux (1) que jamais, comme si Dieu avait voulu multiplier les
victimes, voyaient croître avec les épreuves leurs
consolations.

Quant au pays huron, théâtre où va se jouer le
drame sanglant qui se prépare, il est ouvert de
tous côtés à l'ennemi. L'abandon du village Saint-
Jean-Baptiste et de l'ancien village Saint-Ignace
avait fait tomber les barrières. Que l'Iroquois s'em-
pare de Saint-Joseph et de Saint-Michel, et le
voilà au cœur du pays. Il faut alors s'attendre aux
derniers malheurs. Ils ne tardèrent pas en effet à
fondre sur les Hurons. L'ennemi guettait le moment favorable pour se rendre maître du village
de Saint-Joseph, un des plus considérables et des
mieux défendus du pays. Il avait été pendant
quelque temps le théâtre du zèle du P. de Brébeuf,
qui y avait jeté des semences fécondes. Il était
alors confié au P. Antoine Daniel, « homme, disent
« les mémoires du temps, d'un grand cœur, d'une
« grande patience et surtout d'une incomparable
« douceur. » L'heure de son sacrifice allait sonner.
Il devait précéder de quelques mois celui du P. de
Brébeuf.

(1) Voy. Appendice A, p. 293.

Les Iroquois venaient d'apprendre par des prisonniers que les principaux guerriers de Saint-Joseph étaient alors en course pour la chasse ou la pêche. Sans perdre un moment ils précipitent leur marche, et se jettent sur le village, avant même qu'on pût s'apercevoir de leur approche. Dans leur impossibilité d'organiser quelque résistance, les habitants effrayés ne songèrent qu'à se dérober à l'ennemi par la fuite.

C'était le matin du 4 juillet. Le P. Daniel venait d'achever le saint sacrifice. Attiré par les cris, il quitte aussitôt la chapelle, et comprend de suite l'imminence du danger. Il parcourt à la hâte les cabanes, baptise les uns, absout les autres. Un grand nombre s'étaient déjà réfugiés dans la chapelle. Le P. Daniel y revient, préoccupé de donner à tous les derniers secours, et il les presse de hâter leur fuite. Pour la rendre plus facile, le vaillant athlète de Jésus-Christ veut sacrifier sa vie. Il va hardiment au devant des ennemis qui approchaient. Son audace servit sa charité. Elle les arrêta un moment, en fixant sur lui leur attention, et beaucoup de néophytes eurent le temps d'échapper.

Après un instant d'hésitation, les Iroquois reprirent leur fureur, et percèrent le missionnaire de mille coups. Comme le bon Pasteur, il offrait sa vie pour ses brebis. La chapelle fut livrée aux flammes, et les barbares y jetèrent le corps du serviteur de Dieu, qui fut consumé. Puis, après avoir satisfait leur cruauté en massacrant tout ce qu'ils trouvèrent de vieillards, d'infirmes et d'enfants, ils s'éloignèrent, entraînant avec eux sept cents victimes, destinées à la servitude ou au supplice.

Peu de temps après ce grand malheur, le village Saint-Michel éprouva le même sort, et vit se renouveler les mêmes scènes d'horreur. L'audace de l'ennemi croissait avec ses succès ; il était comme ivre de sang et de ruines.

Ce n'était cependant là que le premier acte de ce drame lugubre et sanglant, dont le dénouement doit amener la destruction de la nation huronne.

Le second s'ouvrit par le sac du village de Saint-Ignace, qui avait été fondé par le P. de Brébeuf pour remplacer l'ancien village du même nom. Toutefois, comme s'ils avaient voulu retremper leurs forces ou donner à leurs concitoyens l'occasion de partager leur triomphe en leur livrant les prisonniers, les Iroquois suspendirent pendant quelques mois leurs ravages. C'était une paix fatale et perfide. Elle endormit le vaincu dans une sécurité aveugle, et couvrit le plan cruel du vainqueur. Celui-ci formait le projet d'exterminer enfin son ennemi, et pour y parvenir, il s'assurait le concours de forces imposantes. Ces préparatifs se prolongèrent jusqu'aux premiers mois de 1649.

Au mois de mars, alors que les Hurons étaient moins défiants que jamais, les Iroquois, dont rien n'avait révélé la présence, se précipitèrent à la

pointe du jour sur le village Saint-Ignace, et y
pénétrèrent par le seul endroit accessible, que les
Hurons avaient malheureusement négligé de défendre.

Éveillés en sursaut, les Hurons courent inutilement aux armes. Impuissants à s'organiser, ils ne
peuvent opposer à l'invasion qu'une résistance isolée, incomplète et finalement sans effet. Presque
tous les Hurons furent tués ou réservés à un sort
plus triste encore.

Cependant trois Hurons, échappés moitié nus
aux mains des Iroquois, purent aller donner l'a-
larme au village Saint-Louis, distant de quatre
kilomètres. Il comptait dans son enceinte sept cents
sauvages, et possédait en ce moment le P. de Brébeuf et son jeune compagnon, le P. Gabriel Lalemant, chargés de ces deux missions.

Le désastre de Saint-Ignace porta l'épouvante
dans tous les cœurs. Ils avaient raison de s'attendre
à un sort semblable. Bien qu'il eût de suite
mesuré toute l'étendue du danger, le P. de Brébeuf conserva tout son calme, et s'efforça de soutenir ses néophytes par sa fermeté. Les voyant
accourir près de lui, comme s'ils attendaient de
lui leur salut: « Mes enfants, leur dit-il, il faut
« mettre en sûreté ce que vous avez de plus cher,
« vos femmes et vos enfants. Pendant qu'ils se
« réfugieront à Sainte-Marie, nous arrêterons
« l'ennemi, et si vous ne pouvez pas vaincre,

« nous mourrons pour monter ensemble au Ciel. »

Ces paroles furent reçues comme un oracle du Grand Esprit. Tous ceux qui étaient incapables de se défendre, au nombre de cinq cents, se retirèrent à Sainte-Marie. Il resta quelques vieillards avec quelques infirmes, et l'élite des guerriers au nombre de quatre-vingts, prêts à se défendre en héros jusqu'à la mort. En prévision d'une lutte désespérée, ceux-ci voulurent forcer aussi les missionnaires à fuir. « Ta présence, disaient-ils « au P. de Brébeuf, ne peut nous être d'aucun « secours. Tu ne sais manier ni le casse-tête, ni le « mousquet. »

En bon pasteur pouvait-il abandonner son troupeau en péril? « Mon poste, leur dit-il, c'est « d'être avec vous au moment du danger. Mon « bras ne servira pas à vous défendre, mais les « chrétiens ont besoin d'autres secours. Il leur « faut les consolations de la foi. Je soutiendrai « votre courage, et si vous mourez je vous aiderai « à mériter le Ciel. » Beau témoignage de dévouement, de zèle et d'amour pour les siens. Il ne le démentit pas, et son compagnon suivit son exemple.

Les premiers soins des Missionnaires furent de baptiser ceux qui n'étaient encore que catéchumènes, et de laver les autres dans le sang de Jésus-Christ. Peut-être purent-ils encore leur distribuer le pain des forts, si nécessaire au jour du combat; du moins le P. de Brébeuf les soutint

et les anima par de brûlantes et généreuses
paroles, qui trouvèrent de l'écho dans tous les
cœurs et les remplirent d'une sainte ardeur. Ils
allaient défendre leurs vies et leurs foyers.

Les moments pressaient, et les dernières mesures de défense étaient à peine terminées, que
l'ennemi parut au lever du soleil devant la palissade. Il avait espéré s'emparer de ce village par
surprise comme il avait fait à Saint-Ignace; mais
il trouva ses vaillants défenseurs à leur poste. Un
premier assaut lui coûta plus de trente guerriers,
sans compter un grand nombre de blessés. La résistance ne fit qu'exciter davantage sa rage. Comme
il avait pour lui la supériorité du nombre, il put
multiplier ses attaques sur plusieurs points à la fois.

Que pouvait une poignée de braves, aux prises
avec un millier d'ennemis ivres de leur sang?
Ils ne pouvaient même pas répondre aux attaques
simultanées sur différents points. Les Iroquois
en profitèrent. Quelques-uns approchèrent de la
palissade, et à coups de hache ils parvinrent à
ouvrir une large brèche qui leur donna passage dans la place. En vain les Hurons essayè-
rent-ils de faire un nouveau rempart de leurs
corps et de se défendre avec le courage que donne
le désespoir. Le nombre triomphait. Après s'être
battus en héros, les Hurons surent mourir en
chrétiens.

De leur côté, les deux Missionnaires n'avaient

pas cessé un instant de remplir leur ministère de charité et de zèle. Ils pansaient les blessés, distribuaient des rafraîchissements, donnaient les dernières consolations aux mourants, et soufflaient le courage et la constance. La vue de leur dévouement soutenait les guerriers, et leur faisait faire des prodiges. Ils auraient voulu à tout prix sauver la vie aux Robes-Noires. Ils allaient jusqu'à s'accuser de leur mort. « L'amour qu'ils nous portent, disait le capitaine Etienne Annaothatia, sera cause de leur perte. » En effet, la mort allait couronner leur sacrifice, mais quelle mort! Nous allons essayer d'en raconter les horreurs. Cruel, mais glorieux dénouement de la tragédie dont il nous reste à voir le troisième et dernier acte.

Un éclair de joie féroce brilla sur le visage farouche des Iroquois quand, rassasiés de carnage, ils réunirent leurs prisonniers, et qu'ils virent parmi eux deux Robes-Noires. C'était pour eux la plus précieuse des captures. Ils allaient pouvoir assouvir leur haine et leur vengeance. Au lieu de les jeter dans les flammes, qui dévoraient le village, comme on avait fait pour les morts, les blessés et les vieillards qui ne pouvaient pas suivre, on les réserva pour le supplice. Ils furent aussitôt dépouillés de leurs vêtements et chargés de liens. Puis, soit divertissement cruel, soit précaution pour leur enlever le dernier moyen de se dégager, on leur arracha aussitôt les ongles.

Quand le village Saint-Louis ne fut plus qu'une vaste ruine, les Iroquois se mirent en marche avec leurs prisonniers pour celui de Saint-Ignace, où ils s'étaient retranchés et fortifiés. Les deux missionnaires ouvraient la marche de ce cortége funèbre.

Avertis par les cris des vainqueurs, les guerriers laissés pour la garde de Saint-Ignace accourent à leur rencontre avec des bâtons et des baguettes de fer, et se rangent sur deux haies pour accueillir les prisonniers. A mesure que ceux-ci avancent, ils sont accablés de coups sur les épaules, sur la figure, sur les jambes, et sur tout le corps. Par un raffinement de cruauté on forçait le cortége à ralentir sa marche, afin que les coups fussent plus nombreux et mieux appliqués. Tout avait déjà été préparé pour le supplice, et les poteaux étaient dressés.

A la vue de celui qu'on lui destinait, le P. de Brébeuf tombe à genoux, et baise avec respect et un saint transport cet autel où il va être immolé. C'est alors que se tournant vers lui, le P. Gabr. Lalemant lui dit avec l'accent d'une foi vive : « Mon Père, c'est bien maintenant que nous « sommes donnés en spectacle au Ciel, aux Anges « et aux hommes (1). » Pasteur de son troupeau jusqu'au dernier moment, le P. de Brébeuf ne

_____

(1) I Cor., IV,

pouvait pas oublier, à cette heure suprême, les
brebis qui partageaient son sort et qui allaient
partager ses tourments. « Dans nos souffrances,
« leur dit-il, levons les yeux au Ciel. Souvenons-
« nous que Dieu est le témoin de nos douleurs, et
« qu'il sera bientôt notre récompense. J'ai plus
« pitié de vous que de moi. Ne perdez pas cou-
« rage! Les tourments que nous allons souffrir
« seront courts ; la gloire qui les suivra ne finira
« jamais. »

Dignes du pasteur, les néophytes lui répondirent:
« Echon, ne crains rien, notre esprit sera au Ciel
« pendant que nos corps souffriront sur la terre.
« Prie pour nous le Maître de la vie, afin qu'il
« nous fasse miséricorde. Nous ne cesserons de
« l'invoquer jusqu'à la mort. »

Quand les feux furent allumés, et tous les
guerriers réunis, le supplice commença. Soit que
l'usage demandât aux sauvages d'ouvrir la scène
par la plus noble victime, soit qu'ils eussent hâte
de mettre fin au rôle d'apôtre qu'il ne cessait
d'exercer, ils s'acharnèrent d'abord sur le P. de
Brébeuf, qu'ils appelaient le grand chef des Français.

Alors s'ouvrit cette scène horrible, où la cruauté
des bourreaux ne fut surpassée que par l'héroïque
intrépidité de leur victime. Les uns enfonçaient
dans sa chair des alênes ou des pointes de fer
rougies au feu ; d'autres lui appliquaient des char-

bons embrasés sur les différentes parties du corps. Ceux-ci le frappaient avec des bâtons; ceux-là lui enlevaient des lambeaux de chair, et après les avoir fait rôtir, les dévoraient sous ses yeux.

Comme la victime du Calvaire, l'homme de Dieu ne faisait entendre aucune plainte, et ne poussait aucun soupir. S'il paraissait insensible à ses maux, il ne l'était pas à ceux de ses frères. Il ne rompait le silence que pour louer Dieu, donner quelques paroles d'encouragement à ses compagnons, ou même adresser à ses bourreaux des reproches sur leur cruauté.

Cette liberté de langage, calme mais hardie, ne servit qu'à les irriter. Pour l'arrêter, ils enfoncèrent dans la bouche de la victime des charbons enflammés, et lui coupèrent les lèvres et les narines. On lui voyait toutes les dents. Le martyr ne parlait plus, mais son sang, qui ruisselait de tout son corps, avait son langage plus éloquent que toutes les paroles.

L'ironie venait au secours de la rage. Les bourreaux lui disaient: « Tu as répété aux autres que « plus on souffrait dans cette vie, plus la récom- « pense serait grande dans l'autre. Nous voulons « embellir ta couronne. » Et alors, faisant rougir leurs haches au feu, et les plaçant sur ses épaules, sur son dos et sur sa poitrine, ils lui formaient un collier brûlant, et ajoutaient avec dérision : « Tu dois nous remercier maintenant. »

Pour que l'image de la Passion fût plus parfaite, il y avait là quelques Hurons apostats, mêlés avec les bourreaux, et qui les secondaient. Ils voulurent faire une imitation sacrilége du baptême, et ils versèrent plusieurs fois de l'eau bouillante sur la tête et les épaules de l'homme de Dieu, en prononçant ces paroles aussi impies que cruelles : « Nous « te baptisons, pour que tu sois bienheureux dans « le Ciel ; car sans un bon baptême on ne peut pas « être sauvé. » Et le liquide brûlant coulait sur les plaies ouvertes, et excitait dans les chairs vives de cuisantes douleurs.

Cependant la grâce de Dieu, plus active et plus puissante que la rage des bourreaux, comblait le serviteur de Dieu d'abondants secours, et soutenait son inébranlable patience. Ses ennemis n'en devenaient que plus furieux. Ils ne croyaient pas avoir triomphé de leur victime, tant qu'ils n'avaient pas vaincu sa constance. Ils voulurent tenter un dernier effort. Après lui avoir donné comme parure dérisoire un collier de fer brûlant, ils entourent ses reins d'une ceinture d'écorce de bouleau enduite de raisine, et y mettent le feu. D'autres lui arrachent la chevelure avec la peau de la tête, et jettent des cendres brûlantes sur cette plaie sanglante. Il ne reste plus de place, sur ce corps couvert de sang, pour de nouveaux tourments. Il est temps d'en finir ; aussi bien le supplice a été déjà trop long pour les bourreaux, puisque leur rage s'est trouvée épuisée, sans obtenir de vaincre.

Après trois heures de tourments, un coup de hache acheva la victime, et on lui trancha la tête. C'était le 16 du mois de mars, vers quatre heures du soir.

Le P. de Brébeuf avait cinquante-six ans.

Le supplice du martyr était consommé, mais la férocité sauvage n'était pas satisfaite. Par un préjugé très-enraciné parmi eux, ils voulurent s'incorporer son courage en faisant de son corps un horrible festin. On en vit recueillir son sang et le boire. Un des capitaines lui arracha le cœur, et le dévora. Les restes de ce corps mutilé furent coupés par morceaux, et donnés à la foule.

Ainsi se ferma, par l'acte le plus héroïque, la longue chaîne de combats que le P. de Brébeuf avait livrés pendant plus de seize ans pour fonder l'Église des Hurons. On peut dire que son œuvre était noyée dans son sang. Par un dessein providentiel dont il ne nous appartient pas de sonder les mystérieux conseils, la fin de l'Église huronne marqua celle de la nation. Dieu ne semblait avoir introduit sur son sol les ministres de l'Évangile, que pour la disposer à mourir chrétiennement. Elle périt en effet presque tout entière, et son nom fut rayé du livre des peuples. Il ne nous reste plus qu'à assister au complet dénouement de ce drame terrible.

A peine le P. de Brébeuf eut-il rendu le dernier

soupir que plusieurs de ses frères d'armes sont ou massacrés ou dispersés. Son compagnon à Saint-Ignace, le P. Gabriel Lalemant, qui partageait sa captivité, tomba le premier. Le martyre du P. de Brébeuf avait retardé le sien. Il s'ouvrit cependant le même jour à six heures du soir, et par les mêmes tortures; par un préjugé reçu chez les sauvages, leurs victimes ne devaient pas mourir avant le lever du soleil. La fin du supplice fut renvoyée au lendemain. Le missionnaire fut, en attendant, abandonné aux jeunes gens qui, pendant toute la nuit, exercèrent sur lui leur cruauté, mais sans compromettre sa vie. Ce fut une longue agonie. Le soleil allait le lendemain éclairer la dernière scène. Les bourreaux se remirent donc à l'œuvre, et renouvelèrent presque tous les tourments du P. de Brébeuf. Un coup de hache fracassa le crâne de la victime, et lui donna la mort.

Le P. Gabriel Lalemant n'avait que trente-neuf ans. Venu un des derniers au combat, il était un des premiers couronnés.

Deux autres missionnaires devaient bientôt par une mort tragique mériter la même couronne, les PP. Charles Garnier et Noël Chabanel. Celui-ci fut tué par un Huron apostat. Celui-là, chargé de desservir le village de Saint-Jean, fut enveloppé dans le massacre de ses habitants. Il exerça son ministère d'apôtre jusqu'au dernier instant. Renversé à terre par trois balles, et voyant à quelques pas un Huron qui rendait le dernier soupir, il recueille ce qui lui reste de forces pour secourir son catéchumène mourant. Un Iroquois l'aperçoit, dans cet acte de charité, et l'achève de deux coups de hache.

Ainsi' de dix-neuf Missionnaires que comptait alors la mission, cinq venaient de donner leur sang pour Jésus-Christ. Ils avaient été précédés par le P. Jogues, dont on connaît l'histoire émouvante et la mort héroïque. Les Iroquois firent encore tomber plus tard d'autres victimes. Le P. Léonard Garreau, le P. Jacques Buteux et le F. Liégeois périrent sous leurs coups.

Cependant, deux captifs au milieu du sac du village Saint-Louis étaient parvenus à s'échapper et avaient porté à Sainte-Marie les nouvelles du désastre. On l'avait déjà pressenti. Sainte-Marie n'était qu'à quatre kilomètres, et du fort on avait aperçu les flammes allumées par les Iroquois.

A cette sinistre nouvelle, les Missionnaires se hâtèrent de prendre toutes les mesures pour se mettre en état de défense si l'ennemi voulait se présenter. Il né vint pas. Ce fut une protection manifeste du glorieux saint Joseph, patron des Hurons; ceux-ci l'invoquaient en ce moment avec ferveur pour se préparer à sa fête, et les Missionnaires lui avaient adressé un vœu solennel. La petite garnison de Sainte-Marie était restée pendant trois jours sous les armes. Tout à coup le 19 mars, jour de la fête, on apprit qu'une panique s'était emparée des Iroquois, et qu'ils s'étaient retirés en désordre, ne songeant qu'à regagner leur pays. Ils n'avaient pris que le temps de lier dans les cabanes un bon nombre de leurs captifs, et de les livrer aux flammes.

Malgré cette fuite de l'ennemi, les Hurons survivants n'étaient pas sans appréhension de son retour. Ils songeaient à prendre une résolution suprême : abandonner les villages qui leur restaient et chercher sur un autre sol un refuge et un abri.

A quelques kilomètres du rivage huron, et sur le lac du même nom, se trouve un groupe d'îles dont la plus grande porte le nom d'Ahoendoe ou Saint-Joseph (1). Les capitaines résolurent de s'y réfugier avec les restes de la nation décimée. En choisissant une retraite si rapprochée de leur ancienne patrie, ils gardaient sans doute l'espérance de pouvoir y rentrer un jour.

Les Missionnaires ne pouvaient pas les laisser partir seuls. Le malheur était pour eux un nouveau motif de ne pas abandonner leurs néophytes. Comment auraient-ils pu d'ailleurs résister à l'appel touchant qui leur fut adressé par les capitaines,

---

(1) Cette île Saint-Joseph (aujourd'hui *Charity Is'and*) ne doit pas être confondue avec l'île Saint-Joseph, de dénomination récente, située près le Saut Sainte-Marie, à l'autre extrémité du lac Huron.

quand, pour les gagner plus sûrement, ils rappe-
lèrent le nom du P. de Brébeuf, et le souvenir de
son zèle et de sa charité. « Voilà, leur dirent-ils
« en leur offrant un collier de porcelaine, voilà la
« voix de nos femmes et de nos enfants, qui vous
« donnent le peu qui nous reste dans notre mi-
« sère. Vous savez combien nous estimons ces
« colliers, mais nous estimons encore plus la foi.
« Il fera revivre en vos personnes le zèle et le nom
« d'Echon. Il a été le premier apôtre de notre
« pays, et il est mort pour nous assister. Vous ne
« refuserez pas vous aussi de mourir avec nous,
« puisque nous voulons mourir chrétiens. »

Les Missionnaires ne pouvaient pas hésiter à se
rendre à cette touchante invitation, mais en lisant
les paroles émues qu'ajoute le P. Ragueneau, on
comprend quel fut leur sacrifice de s'éloigner de
ces lieux. « Il nous fallut, écrit-il, sortir de cette
« terre de promission, qui était notre Paradis, et
« où la mort nous eût été mille fois plus douce que
« ne sera la vie, en quelque lieu que nous puis-
« sions être... Il nous fallut donc quitter cette an-
« cienne demeure de Sainte-Marie, ces édifices qui
« quoique pauvres paraissaient des chefs-d'œuvre
« aux yeux de nos sauvages .. Il nous fallut aban-
« donner ce lieu que je puis appeler notre seconde
« patrie, nos délices innocentes puisqu'il avait été
« le berceau du christianisme, que là était la mai-
« son de Dieu et l'asile des serviteurs de Jésus-

« Christ. De crainte que l'impiété de nos ennemis
« ne profanât ce lieu de sainteté, et qu'ils n'en ti-
« rassent avantage, nous y mîmes le feu nous-
« mêmes, et nous vîmes brûler en moins d'une
« heure nos travaux de neuf et dix années.»

Tout ce qui restait de villages hurons subit le
même sort. Leurs derniers habitants ne s'éloi-
gnaient qu'après avoir incendié leurs cabanes. Tout
le pays devint une affreuse solitude, couverte de
ruines.

Les Hurons fugitifs se retirèrent donc presque
tous dans l'île Saint-Joseph avec les Missionnaires,
qui y élevèrent immédiatement un fort régulier,
capable de résister à une attaque des ennemis.
Après plus de deux cents ans d'abandon, ses
ruines sont encore très visibles au milieu de la
forêt.

Les familles huronnes, émigrées dans l'île Saint-
Joseph, s'élevèrent bientôt au nombre de trois
cents ; mais la famine, que la maladie suivit bientôt, continua sur elles les ravages commencés par
la guerre, et en fit périr le plus grand nombre.

Après une année passée dans cette retraite meur-
trière, le peu de Hurons survivants, ne sachant où
dresser leur cabane, se décidèrent à se réfugier
dans la colonie française, sous la protection du
fort de Québec. Cette dernière migration brisa leur
dernier lien social, et fit disparaître leur autono-
mie.

On retrouve encore aujourd'hui près de Québec, et aussi dans quelques contrées de l'ouest, des débris de ce peuple autrefois puissant et nombreux; mais en tombant comme nation, il a rendu hommage à la foi, et a cherché ses consolations dans les espérances célestes, que le P. de Brébeuf aura l'éternelle gloire de lui avoir achetées par ses sueurs et par son sang.

16

XX

Au milieu de ces scènes de désolation et de carnage qu'étaient devenus les restes précieux du P. de Brébeuf et du P. Lalemant ?

Le lecteur se rappelle que le 19 mars, les Iroquois, saisis d'une panique soudaine, avaient abandonné Saint-Ignace pour regagner leur pays. Cette fuite inexplicable, au milieu des plus brillants succès, était évidemment un coup du Ciel pour protéger les restes des Hurons, mais aussi pour sauver les reliques des deux glorieux martyrs.

Le P. Bonin, suivi de sept Français, se rendit dès le lendemain à Saint-Ignace. A l'endroit du supplice les cadavres jonchaient le sol détrempé de sang. Il n'eut pas de peine à reconnaître aux traces de tortures plus cruelles, et à la couleur de la peau, ceux de ses frères bien-aimés. Une amitié très-étroite l'unissait au jeune P. Lalemant. En retrouvant son cadavre il fut profondément ému, et se laissa aller à la douleur et à la piété. Il baisait ses plaies béantes, et les arrosait de ses larmes. Pendant plus d'une heure il ne put détacher ses regards de cet objet chéri. Il se mit ensuite à accomplir sa mission. Après avoir enseveli dans une fosse commune les cadavres des Hurons massacrés dans ce lieu, et fait sur leur tombe les prières de l'Église, il transporta à Sainte-Marie les précieux restes des Missionnaires... C'était le 20 mars. Le lendemain on leur fit des obsèques solennelles ; mais « pas un de nous, ajoute le P. Ragueneau « dont nous copions le récit, ne put jamais se ré-« soudre à prier Dieu pour eux comme s'ils en « eussent besoin. Nos pensées se portaient immé-« diatement au Ciel, où nous ne doutions pas qu'ils « ne fussent parvenus. »

Les seuls regrets qu'exprimaient les Missionnaires, c'était de n'avoir pas partagé leur supplice, et obtenu la même couronne. Une pareille mort était à leurs yeux avec raison une mort de martyr. « Je les appellerais volontiers martyrs s'il m'était « permis, dit 1 P. Ragueneau, non pas seule-« ment parce que, volontairement pour l'amour de « Dieu et le salut de leur prochain, ils se sont ex-« posés à la mort et à la mort la plus cruelle, mais « bien plutôt parce que la haine de la foi et du

« nom de Dieu a été un des motifs les plus puis-
« sants qui ait poussé les barbares à exercer sur
« eux tant de cruautés. »

Quand les Missionnaires, quelques jours après,
furent contraints de quitter Sainte-Marie pour se
réfugier avec leurs néophytes dans l'île Saint-Joseph, ils emportèrent ces restes vénérés, comme
leur trésor le plus précieux. L'année suivante,
lorsqu'ils suivirent à Québec les débris de la nation huronne, ils ne purent, à cause de la longueur
et de la difficulté du voyage, prendre avec eux
qu'une partie de ces vénérables ossements. Ils gardèrent du moins le chef entier du P. de Brébeuf,
et le déposèrent au collége de Québec.

La famille du serviteur de Dieu, justement fière
de la gloire qu'il venait d'acquérir et qui rejaillis-
sait jusque sur elle, voulut payer à sa mémoire son
tribut d'hommage. Elle envoya un riche reliquaire
pour renfermer sa tête. C'est un buste en argent de
grandeur naturelle. Il repose sur un socle d'ébène
de forme octogonale garni d'ornements en argent,
qui contient le précieux dépôt. Sa face antérieure
a une ouverture ovale, qui laisse apercevoir cette
vénérable relique (1).

Avant la destruction de la Compagnie de Jésus
au Canada, un des derniers Jésuites de Québec

____

(1) Nous donnons, d'après une photographie, une gravure
de ce pieux monument.

confia ce pieux trésor aux religieuses hospitalières
de Québec, et elles le conservent encore avec vénération. C'est pour elles une dette de reconnaissance pour le serviteur de Dieu, qui avait souvent
exercé son zèle au milieu d'elles. Elles font plus
encore : chaque année, pour honorer sa mémoire,
elles ont conservé l'usage de communier le 16
mars, anniversaire de sa mort.

Ses autres reliques furent dispersées. Nous savons que deux fragments furent envoyés, l'un à la
maison professe de Paris, et l'autre à la sœur du
P. Gabriel Lalemant, prieure des Carmélites de
Sens. Tout a disparu au milieu de la tourmente ré-
volutionnaire, qui a fait disparaître tant de pieux
souvenirs.

On lui doit encore la destruction de l'église
de Venoix, près de Caen, dédiée à saint Gerbold,
où se trouvait un monument curieux, qui rappelait
les vertus et la gloire du P. de Brébeuf. Il servait
de tombeau à trois membres de sa famille. L'un
d'eux, frère du poëte, dont le nom a acquis quelque célébrité, et petit-neveu comme lui de notre
héros, mourut curé de cette petite paroisse. On
enferma dans un même tombeau les restes de la
mère et des deux frères. Un imprimeur de Caen,
nommé Jean Cavelier, fit en 1691 une inscription
latine, qu'on grava sur le marbre, et qui rappelait
longuement et pompeusement les mérites des
défunts. Il aurait cru ravir au nom de Brébeuf un

16.

de ses plus beaux titres de gloire, s'il n'ava't pas rappelé celle qui lui vient des travaux et de la mort héroï que du missionnaire du Canada. Ce *funebre Breboviorum el gium* (Eloge funèbre des Brébeuf),comme l'appelle le Cordelier Martin, dans ses *Athenæ Cadomenses*, nous a été heureusement conservé par l'histoire (1). L'église du Prieuré a disparu avec son monument, mais les pieux habitants de Venoix en ont construit une nouvelle non loin de la première, et, le 5 décembre 1875, on y a placé solennellement une plaque de marbre blanc, qui porte la célèbre inscription historique (2).

Un autre hommage, plus honorable encore pour le serviteur de Dieu et pour ses héroïques compagnons, fut la mesure que prit l'Archevêque de Rouen, dont la juridiction s'étendait sur le Canada. Il ordonna une enquête sur les vertus et la mort des Missionnaires qui avaient péri de la main des barbares. Ce travail nous reste ; il remonte à 1653. Chacun des mémoires qui le composent est revêtu d'une attestation autographe du P. Ragueneau, donnée sous la foi du serment, et pourrait servir au procès de la béatification, si jamais la cause était instruite.

Ces mémoires nous apprennent, par rapport au

(1) *Notice sur les trois Brébeuf*, par M Ch. Marie.
(2) Voy. l'Appendice B. p. 294.

P. de Brébeuf, que le Seigneur ne tarda pas à manifester sa sainteté par les faveurs obtenues par son intercession.

Son crédit auprès de Dieu éclata d'abord dans la conversion soudaine d'un soldat protestant, qui avait déclaré tout haut qu'il préférait mourir plutôt que d'abandonner la religion de ses pères. Il était alors à l'Hôtel-Dieu de Québec. Touchée de son obstination, la religieuse qui le soignait plongea, dans une potion qu'il allait prendre, un ossement du P. de Brébeuf. Le remède n'opéra pas sa guérison, mais il eut un effet salutaire sur son cœur. De son chef il demanda presque aussitôt à s'instruire, et sans tarder il fit l'abjuration de son hérésie.

Quelques années après, les vénérables ossements du serviteur de Dieu servirent à mettre le démon en fuite. Le vicaire général de Québec, M. de Lauzon-Charny, a dressé sur ce fait un procès-verbal authentique daté du 9 août 1663. Une pauvre femme était depuis deux ans obsédée par le démon, et elle avait sans succès essayé tous les moyens pour se délivrer. On lui inspira d'avoir recours à l'intercession du P. de Brébeuf. En touchant un de ses ossements elle fut subitement délivrée des cruelles vexations qu'elle souffrait, et elle trouva en même temps la paix et la santé.

Les guérisons corporelles et spirituelles se multiplièrent. Français et sauvages aimaient à recourir

à son puissant crédit auprès de Dieu. On remarqua
que ces grâces étaient plus abondantes dans les
contrées de l'Ouest à mesure qu'on se rapprochait
des lieux où l'homme de Dieu avait subi son cruel
supplice. Un des bourreaux du P. de Brébeuf fut
un des premiers à bénéficier de sa mort. Il était
d'Onneiout, et portait le surnom de la *Cendre-
Chaude*. La grâce en fit non-seulement un bon
chrétien, mais un apôtre. En toute occasion il ne
parlait qu'avec admiration de l'héroïque mort du
martyr.

Un des faits les plus remarquables de cette intercession du P. de Brébeuf, fut l'influence qu'il
exerça sur l'âme de la Mère Catherine de Saint-
Augustin, religieuse hospitalière de Québec, pour
la conduire à un haut degré de sainteté.

C'est une belle et édifiante histoire que celle de
cette vénérable religieuse. Elle a été écrite longuement par le P. Ragueneau, qui avait été si bien à
même d'apprécier sa vertu. Il appelle le P. de
Brébeuf son céleste directeur.

La Mère Catherine de Saint-Augustin était à
peine depuis un an en Canada quand le P. de
Brébeuf périt de la main des Iroquois. Au récit
de son supplice elle se sentit poussée à se mettre
sous la protection spéciale du nouveau martyr, et
une voix intérieure la pressa de le prendre pour
son guide dans les voies spirituelles. Elle ne faisait rien sans le consulter, et le Ciel permettait

qu'elle en reçût des réponses à ses demandes. Il la dirigeait en effet, et sous sa conduite elle s'avançait rapidement sur le chemin de la croix. Quoique encore jeune, elle vit son corps attaqué de cruelles maladies, tandis que son âme avait à soutenir les assauts de l'enfer. Elle sut que le démon la poursuivait ainsi à cause du protecteur et du guide qu'elle s'était choisi. Celui-ci ne l'abandonnait pas. Un jour qu'elle luttait, en proie à une tentation de désespoir, il la délivra au moment où elle approchait de ses lèvres une de ses reliques. En la menant ainsi par la voie des sacrifices et des souffrances, il la conduisit bientôt aux plus hauts sommets de la perfection. Elle mourut comme une sainte à l'âge de trente-six ans. L'Évêque de Québec, plein d'admiration pour les voies mystérieuses, par où l'Esprit-Saint l'avait conduite sur les pas de son céleste guide, poussa lui-même le P. Ragueneau à écrire sa vie pour en garder la mémoire. Dieu montra un jour le P. de Brébeuf à cette sainte âme. Il portait sur sa tête une couronne. Sa main droite tenait la palme du martyre, de l'autre il montrait une blanche colombe qui semblait reposer sur son cœur. Sur ses ailes on pouvait lire les sept dons du Saint-Esprit et les huit béatitudes.

Cette brillante et douce image nous semble résumer admirablement la vie tout entière du serviteur de Dieu. Nous y voyons le symbole de cette douceur incomparable, qui fut le fond de son caractère. La couronne qui orne son front rappelle ses luttes et ses travaux, et la palme qu'il tient à la main, la récompense qu'a méritée son amour pour la souffrance, poussé jusqu'au martyre.

Puissent ces beaux exemples inspirer au lecteur la douceur et le zèle qui font les Saints, la constance dans les épreuves qui couronne les apôtres, et l'amour de la croix qui met la palme aux mains des martyrs !

FIN.

APPENDICE.

—

A (p. 266).

Voici, d'après les archives du *Gesu* à Rome, les noms et
les fonctions des missionnaires des Hurons en 1647 :

R. P. Paul. Ragueneau, superior, ling. hur. peritus. —
Prof., 4 v.

P. Franc. Le Mercier, min., proc. cons. præf. eccl. et
san , ling. hur. per. — Prof., 4 v.

P. Pet. Chastelain, prof. rer. spir., conf. NN. adm., ling.
hur. per. — Prof., 4 v.

P. Joan. de Brebeuf, conf. NN , ling. hur. per. et algonq.
non nihil sciens., cons. coad. form.

P. Claud. Pijard, cons. — Prof., 4 v.

P. Ant. Daniel. — Prof , 4 v.

P. Simon Le Moyne. — Prof., 4 v.

P. Car. Garnier, cons. — Prof., 4 v.

P. Renat. Menard, hur. et alg. ling. per. — Prof., 4 v.

P. Franc. Duperon, coadj. form.

P. Natal. Chabanel, coadj. form.

P. Leonard. Garreau.

P. Jos. Poncet.

P. Joan.-Mar. Chaumonot.

P. Francisc. Bressani.

P. Gabriel Lalemant.

P. Jac. Morin.

P. Adrian. Daran.
P. Adrian. Grelou.
F. Ambr. Brouet, desper. val., coadj. form.
F. Lud. Gauber, faber fer., coadj form.
F. Pet. Masson, sartor. ædit. hortul., coadj. form.
F. Nicol. Noirclair, coadj. form.

B (p. 288).

Traduction de l'inscription du monument de Saint-Gerbold :

Qui que vous soyez, considérez et pleurez !
Ceux que leurs contemporains honoraient pendant leur vie,
Sont encore après leur mort l'objet des regrets de la postérité.
Près de Caen, dans l'église de Saint-Gerbold,
Deux frères et leur mère reposent sous la même pierre.
La même maladie enleva la mère
Et le frère aîné (1).
Le plus jeune (2) a partagé depuis peu leur tombeau.
Ils se distinguèrent
Dans des carrières honorables, mais différentes.
Celui-ci par une éloquence pleine de naturel et de charme.
Celui-là par l'élévation et la pompe de son style
S'était rendu célèbre.
Egaux par le talent et la vertu, comme par la naissance,
Ils eurent à la Cour de nombreux amis.
Le monde les honora de la plus haute estime.
La soixante et unième année de ce siècle,
La mort a frappé l'illustre poète
De Brébeuf
Dont la muse épique et française

(1) Guillaume de Brébeuf, né en 1618. et mort en 1661.
(2) Nicolas (on trouve aussi *Gilles*) né en 1631, et mort en 1691.

Avait une vraie supériorité.
Son mérite, en d'autres genres, ne jeta pas moins d'éclat.
Dans un si grand poète on trouvait l'homme modeste,
Plein de droiture et de piété.
Son frère cadet
Chanoine, prieur et curé,
Dans ses discours au peuple
Etait orateur disert, mais apostolique,
Alliant à la noblesse sans recherche du style,
Un rare talent de persuader.
La douceur et l'affabilité dominaient en lui.
Son visage reflétait la candeur de son âme.
Aussi se conciliait-il l'affection universelle.
Avec ses amis il usait d'une sainte franchise,
Sans jamais les blesser,
Et il était aimable pour tous.   [Dieu,]
Sa vie édifiante fut couronnée par une mort précieuse devant
Après avoir été purifiée par les sacrements de l'Église.
Il fut inhumé le jour et le mois anniversaire de sa naissance,
Le 23 juin 1691, à soixante et un ans.
Les grands noms de ces hommes illustres
Ont reçu une gloire nouvelle
D'un membre de cette antique et noble famille,
Le P. Jean de Brébeuf,
De la Compagnie de Jésus,
Qui eut comme eux pour berceau la Normandie,
Fière d'un tel fils.
La Nouvelle-France l'accueillit comme un nouveau Paul
Et un digne frère de Xavier;
Mais après qu'il eut été livré aux plus horribles tourments,
Consumé à petit feu
Et brûlé par des haches ardentes,
Elle le rendit au ciel.
Exemple admirable
De force chrétienne et de vertu héroïque.

TABLE DES MATIÈRES.

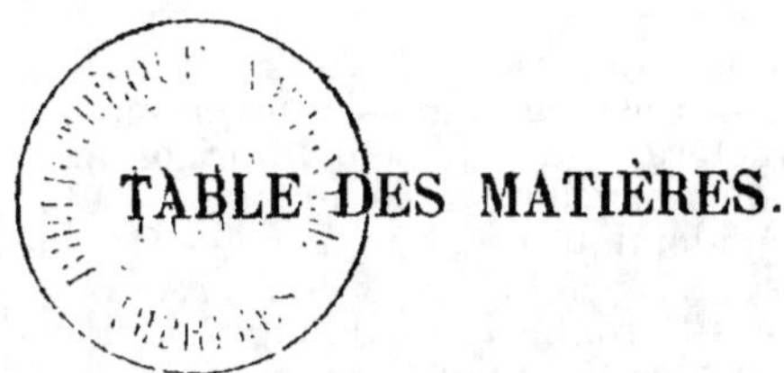

—

FIN DE LA TABLE.

406. — Abbeville. — Typ. et stér. Gustave Retaux.

PUBLICATIONS DE LA LIBRAIRIE SAINT-MICHEL (1)

ACTES DE LA CAPTIVITÉ ET DE LA MORT de cinq Pères de la compagnie de Jésus, par le R. P. de Ponlevoy......... 2 »

AGE DU MONDE, par Valroger. In-12 .... 1 »

AMAZONE CHRÉTIENNE, par J.-M. de Vernon 2 50

ANSELME AU BEC (Vie de saint), par M. Ragey. In-12....... 2 »

ATELIERS DE PARIS, par P. Lelièvre. 2 vol. .... 2 »

BANQUE DU DIABLE (la), par M. E. de Margerie ... . 2 »

BERTHILDE, par M. G. d'Arvor................................ 2 »

BIBLE POPULAIRE ILLUSTRÉE (Petite) 1 25

CAPITAINE GUEULE D'ACIER, par M. Ch. Buet............ . 2 »

CATACOMBES (les), par dom Maurus Wolter .... 2 »

CHANSON DE ROLAND (la), traduite par M. d'Avril.......... 1 »

CHATEAU DE SAINT-HIPPOLYTE, par M. E. de Margerie........ 2 »

COLOMBAN (Saint-), par M. de Montalembert.............. 1 50

DU PAPE, par M. J. de Maistre............................ 2 »

ÉCONOMIE SOCIALE, par le R. P. Félix .... 1 »

ÉGLISE (l'), LA RÉFORME ET LE SOCIALISME, par M. Mahon de Monaghan.. 1 25

ÉLÉONORE D'AUTRICHE, reine de Pologne, par M⁽ᵐᵉ⁾ la comtesse de Charpin-Feugerolles .... » 80

ENFANTS NANTAIS, par M⁽ˡˡᵉ⁾ G. d'Éthampes. *Épuisé.*

ENFANT PERDU, par M. Camille Gérans.... .... 1 »

ÉTUDE DU STYLE VOCAL. 2 vol. in-12.................... 2 50

ÉTUDE SUR LA DOCTRINE CHRÉTIENNE, par M. Nampon. 2 vol... 2 50

FEMME D'APRÈS SAINT JÉRÔME, par R. de Navery 1 25

FRANÇAIS EN AMÉRIQUE, par M. de Fontpertuis .... 1 »

FRANCE ARMÉE (la), par M. Lahaussois.................... 2 »

FRANÇOISE ROMAINE (Vie de sainte), par M⁽ᵐᵉ⁾ de La Ponneraye. In-12....................................... 2 »

GENTILSHOMMES DE LA CUILLER, par M. Ch. Buet........ .... 2 50

GERBERT ou SYLVESTRE II ET LE SIÈCLE DE FER, par l'abbé Quéant. 1 »

(1) En général, l'OEuvre de Saint-Michel établit le prix de ses ouvrages un tiers plus bas que la librairie ordinaire.